AF318639

La Vérité sur le Tonkin

PARIS

NOUVELLE LIBRAIRIE PARISIENNE

ALBERT SAVINE, ÉDITEUR

12, RUE DES PYRAMIDES, 12

LA VÉRITÉ

SUR

LE TONKIN

A. FOUCAULT DE MONDION

LA VÉRITÉ

sur

LE TONKIN

PARIS

NOUVELLE LIBRAIRIE PARISIENNE

ALBERT SAVINE, ÉDITEUR

12, Rue des Pyramides, 12

1889

DÉDICACE

Je dédie cette première partie de ma défense, en réponse aux attaques de M. Quesnay de Beaurepaire et de son groupe opportuniste, à M. EDOUARD DU-CRET, rédacteur en chef du Petit National.

Je ne veux pas oublier qu'il m'a accueilli avec une cordiale sympathie dans un moment où j'étais fort malmené devant l'opinion par le plus audacieux des procureurs.

L'exemple n'est pas des plus fréquents et vaut bien une dédicace.

FOUCAULT DE MONDION
Lauréat de la Haute Cour de justice.

AVANT-PROPOS

Un reçu d'une somme de trente-deux
mille francs que j'avais donné au général
Boulanger, en mai 1887, m'a valu les hon-
neurs d'une citation au réquisitoire de
M. le procureur général, citation que j'ai eu
le tort de trouver blessante dans le moment
où elle parut à l'*Officiel* : ce dont je m'excuse.

Calomnié, disent les uns ; honoré, disent
les autres, par M. Quesnay de Beaurepaire,
j'ai pris le parti de raconter mes intrigues,
et de montrer que je pouvais tout au moins
me défendre contre des adversaires officiels,
en leur rappelant certains incidents de leur

vie politique que je connaissais aussi bien qu'eux-mêmes.

Quant à mon rôle dans les diverses missions politiques qui m'ont été confiées, il a été défini par le général Boulanger dans une lettre que j'oppose ici, comme un témoignage qui m'honore, aux calomnies imaginaires de M. de Beaurepaire dont je me moque. Voici cette lettre ; elle a été adressée par le général à M. Georges Laguerre, et publiée.

Londres, le 8 août 1889.

Mon cher Laguerre,

J'ai dû, à mon grand regret, pour me disculper d'une accusation perfide, publier le reçu que j'avais demandé à M. de Mondion, au moment où j'ai quitté le ministère.

Je désire couper court aux interprétations qui pourraient suivre cette divulgation et donner publiquement à M. de Mondion le témoignage d'estime qui lui est légitimement dû pour tous les services qu'il a rendus à notre pays et qu'il continue encore aujourd'hui à rendre généreusement.

Peu de Français ont en effet servi notre France avec plus de dévouement, avec plus d'intelligence que M. de Mondion. C'est à lui qu'on doit la conclusion de la paix entre la France et la Chine. Se trouvant à Berlin au moment où nos armes étaient engagées dans la triste affaire du Tonkin, il réussit à mettre en communications directes avec notre ministère des affaires étrangères le gouvernement de Pékin. Sans son intelligente et patriotique initiative, la guerre se se fût prolongée, au détriment de notre influence dans l'avenir, et sans profit aucun pour notre politique. Si de plus grands sacrifices en hommes et en argent ont été épargnés, c'est à M. de Mondion que nous le devons.

Rentré en France, notre compatriote devint un des agents les plus actifs de la politique de réconciliation avec la Chine. Il publia sous le voile de l'anonyme des ouvrages que tout le monde a lus et applaudis; il se fit le défenseur ardent des droits de notre influence en Extrême-Orient; ses conseils furent hautement appréciés au ministère des affaires étrangères, alors dirigé par M. de Freycinet.

Abordant le domaine des faits pratiques, M. de Mondion proposa au gouvernement français, qui l'accepta aussitôt, le projet de l'entreprise qui, sous le nom de Syndicat de Chine, a permis à notre industrie nationale de se faire connaître en Chine et d'entrer ainsi en concurrence avec les Anglais et les Allemands. Le syndicat est aujourd'hui en pleine prospérité.

M. de Mondion ne s'en tint pas là. Passant aux questions de politique militante, il devint l'adversaire de la prépondérance allemande. Les services qu'il a rendus depuis plus de trois ans dans cet ordre d'idées ont une grave importance qu'il ne m'appartient pas de révéler encore.

Qu'il me suffise de dire qu'il a réussi à découvrir les manœuvres les plus audacieuses de certaines diplomaties, et à préparer l'alliance, si nécessaire à la paix de l'Europe, de la Russie et de la France.

Je tiens à ce que notre grand public français sache que ma confiance a été bien placée. Je m'estime très fier d'avoir pu aider, dans les limites de mes ressources, M. de Mondion pour les entreprises de sa patriotique activité.

Un jour viendra où son zèle sera honoré comme il mérite de l'être et comme il aurait dû l'être déjà, si les ministres comprenaient leurs devoirs.

M. de Mondion a le droit de compter sur l'estime des honnêtes gens. Les services qu'il a rendus comportent en eux-mêmes leur récompense.

Recevez, mon cher Laguerre, l'expression de mes sentiments bien affectueux.

Général Boulanger.

LA VÉRITÉ

Les diffamations de M. de Beaurepaire. — Les fonds secrets ministériels. — Les services organisés. — Ce qu'a fait le général Boulanger.

Ce fameux reçu a fait tourner la tête à bien des gens et m'a valu de vilains ennuis.

J'ai eu d'abord à essuyer le feu roulant de l'imagination d'un procureur, de qui il n'a pas dépendu, pour émouvoir le Sénat et les sénateurs, que j'aie assassiné père et mère... avant même ma naissance. Mais ce qu'il a dit avait une gravité plus exception-nelle encore. Il s'agissait de frapper un grand coup qui ferait rentrer sous terre mon coquin de personnage, devenu, comme par enchantement, l'être le plus atroce de la création. Ainsi en est-il dans les féeries. M. de Beaurepaire, transformé en fée Carabosse, avait acquis le don de malédiction.

Le premier point que je tiens à préciser a une certaine importance; je le soumets respectueusement à l'attention bienveillante des sénateurs qui ont écouté, sans sourciller, les aimables calomnies de M. de Beaurepaire. Car il est bien entendu que c'est ma défense personnelle que je présente, avec l'intention légitime de détruire les scandaleux effets du réquisitoire de M. le procureur général. C'est un droit que personne ne saurait me contester, pas même, je suppose, le magistrat distingué qui a daigné m'octroyer, au nom de la justice... opportuniste, un diplôme d'infamie dûment enregistré.

Ce premier point est le suivant :

M. de Beaurepaire a prétendu que le reçu publié par le général Boulanger ne pouvait pas avoir un caractère d'authenticité affirmatif, en ce sens que cette pièce ne pouvait pas être restée régulièrement entre ses mains. C'est là une erreur de fait, qui témoigne du l'ignorance complète de M. le procureur en matière de fonds secrets ; erreur qu'il n'aurait pas commise s'il s'était renseigné auprès d'un ancien ministre. Il aurait su, ce scrupuleux procureur, que les ministres à fonds secrets, toutes les fois qu'ils font un versement au nom de l'Etat, demandent un reçu, qui est libellé selon le désir du ministre dans la forme qu'il indique ; il aurait appris que ces reçus sont la propriété personnelle du ministre qui les conserve en sa possession et qui les emporte avec lui lorsqu'il tombe du pouvoir. Ces reçus constituent la justification de l'emploi des fonds, et, en ce temps de mises en accusation, il faut reconnaître que les ministres n'ont pas absolument tort de se garder contre les hasards que réservent les chutes ministérielles. Témoin le cas du général Boulanger.

En ce qui me concerne personnellement, beaucoup d'anciens ministres ont chez eux, dans leur secrétaire, des reçus signés de moi, et je suis bien certain que si, par exemple, demain ou après, M. de Freycinet ou M. Goblet venaient à être accusés d'avoir dilapidé les fonds de l'Etat, ils publieraient mes reçus, tout comme le général Boulanger a publié le mien. Et Dieu sait quelles histoires de l'autre monde raconterait le successeur de M. de Beaurepaire, ou M. de Beaurepaire lui-même : car il serait dommage de le remplacer pour une besogne qu'il a si bien remplie! M. de Beaurepaire est en effet le Rodrigue des parquets de la Cour :

« Ses pareils à deux fois ne se font pas connaître,
Et pour leurs coups d'essai veulent des coups de maître. »

C'est là essentiellement un point de détail qui a son importance. Le général Boulanger devait avoir en sa possession mon reçu. Aucun ancien ministre ne pourra démentir cette assertion : elle est formellement exacte. Il suffit de se renseigner.

Un autre point de détail qui a aussi son importance, c'est que ce n'est pas le général Boulanger qui m'a inventé. Avant son arrivée au pouvoir, j'étais déjà, depuis plusieurs années, en relations directes avec le ministère de la guerre. Après le départ du général Boulanger, j'ai conservé ces relations ; je puis même dire que M. de Freycinet, *ministre de la guerre*, possède plusieurs reçus de moi. C'est donc, par le simple énoncé de ce fait, démontrer à l'évidence que je ne pouvais pas être l'individu, pour parler la langue de M. de Beaurepaire, qui serait venu complaisamment signer un reçu, pour les besoins d'une cause désespérée.

Cette cause n'a, du reste, jamais été le souci de mes occupations, quelque opinion que je puisse avoir à cet égard. Je n'ai pas à m'en expliquer. J'ai continué à me maintenir en relations avec le général Boulanger jusqu'au moment de son départ de Clermont-Ferrand. Je ne l'ai plus revu depuis cette époque. Je défie bien les magistrats de la Haute Cour de dire qu'ils aient découvert une lettre de moi dans les nombreuses perquisitions qu'ils ont faites ; je défie bien quelqu'un de dire que je me suis jamais mêlé de politique militante autre que celle qui a jusqu'ici dirigé mes efforts. Je ne me suis jamais occupé que des questions visant l'extérieur.

Donc, pour résumer cette première partie, le général Boulanger était régulièrement en droit d'avoir en sa possession le reçu qu'il a publié ; il n'a fait qu'user de mes services, comme l'avaient fait et l'ont fait ses prédécesseurs et ses successeurs ; enfin il n'y a pas à invoquer contre lui ni contre moi un motif politique, une raison basée sur mon dévouement à la cause même que soutient le parti du général.

Voilà trois points qui ont l'importance efficace d'une question préalable. Si le Sénat avait été avide de justice et de vérité, il eût pu savoir, après une enquête de deux heures, que les fantaisies du procureur n'avaient pas le sens commun.

J'ai dit les fantaisies. C'est un mot brillant qui ne répond guère à ma pensée : car, si le procureur, qui a été méchant jusqu'à dire que je n'avais pas hérité de mes parents — ce qui est un crime, évidemment, en notre temps où personne n'a jamais connu un homme politique ayant acquis du bien — peut venir déclarer, pour son excuse, que le romancier l'emporte quelquefois chez lui sur le procureur, moi, quelque plaisir que j'en éprouverais, je ne puis cependant pas confondre M. de Beaurepaire avec Mlle Lucie Herpin... C'est le procureur qui m'a diffamé, en robe rouge doublée d'hermine ; le cas est grave ; — cependant, je maintiens le mot « fantaisies » : il est dans la situation, et je vais le montrer.

D'abord, au premier acte, — pardon, je

croyais qu'il s'agissait du *Père* — je veux dire dans la première des trois fameuses journées, M. de Beaurepaire, solennellement, déclare que mon reçu est un faux ; il cite même l'auteur du faux ; il donne même le nom de la personne, très autorisée, qui est venue lui dire que c'était un faux. Le devoir du magistrat était de me faire appeler et de me poser les questions d'usage, puisqu'il y avait faux. C'était élémentaire. Pas du tout. Le procureur oublie tout à fait sa robe rouge et cède la plume à Lucie. C'est Lucie qui dicte toutes les aménités dont le réquisitoire me charge la conscience, et moi qui suis prétendûment victime d'une opération de faux, moi qui devais être sympathique à un ministère public, me voilà transformé subitement, d'un coup de baguette, en intrigant, en escroc, en agent de M. de Bismarck, — et ceci c'est le bouquet — en... je n'ose vraiment le redire, tant c'est infâme et infamant. Je me rappelle seulement que, le jour où j'eus l'*Officiel* sous les yeux, je riais et je pleurais tout à la fois, comme un pauvre conscrit.

Aujourd'hui que la preuve a été faite qu'il n'y avait pas eu faux; aujourd'hui qu'il est acquis à cette colossale histoire que le nom de la personne, très autorisée, au dire du procureur, qui avait dénoncé le faux, avait été cité à faux; aujourd'hui qu'il est démontré que c'était bien ma signature qui était au bas du reçu, je ne puis qu'appeler du nom de « fantaisies » les arguments juridiques de M. le procureur, et je me demande avec effroi ce qu'il aurait bien pu débiter, ce procureur, si dès le premier jour il avait été convaincu que j'étais l'auteur du reçu... Je pense qu'il m'aurait adressé des compliments... *Bone Deus!* quelle infortune eût été la mienne! Non, on n'a pas idée de choses pareilles; c'est incommensurable! Pends-toi, Albert Millaud, on a mystifié sans toi, et tu n'étais même pas sénateur !

Le comble, dans toute cette charge, car c'est une charge à fond, c'est que le troisième jour M. de Beaurepaire revient sur mon reçu. Son embarras perce à travers les mailles de son argumentation ; il tient à ne pas se dédire ; il veut commettre un chef-d'œuvre ; il veut que son réquisitoire, qui est pour lui une sorte de tour Eiffel, repose sur le granit le plus dur. Il dit donc que j'ai été à Londres voir mon faux, constater mon faux... Le charmant voyage que voilà ! Me voyez-vous passer la mer pour aller cherchent un faux reçu de moi, et, par-dessus le marché, trois ou quatre billets de mille francs ? Si peu ? Ah ! monsieur le procureur, ça valait mieux, et vous n'êtes guère généreux !

Sénateurs de la Haute Cour, je vous en veux, vous ne m'avez pas appelé à votre barre : vous le pouviez d'un mot. Je vous aurais raconté mes voyages et mes missions confidentielles. Vous auriez appris que mon reçu était le plus patriotique des reçus; vous auriez ressenti avec la même douleur que moi le regret que j'éprouverai toujours d'avoir été livré aux chimères implacables qui peuplent l'imagination du plus fantaisiste des procureurs ; vous m'auriez plaint, et vous auriez fait bonne justice, ainsi qu'il sied à la plus haute des Hautes Cours...

Ce que j'aurais dit à la barre du Sénat, je vais donc le dire à la barre de l'opinion publique pour ma justification personnelle; car je ne suppose pas que le procès de la Haute Cour recommence jamais. Ces sortes de procès ont le sort des pièces de M. Jules de Glouvet : on ne les représente qu'une fois.

LE MINISTÈRE DU GÉNÉRAL BOULANGER

Le général Boulanger était en ce temps à ministre de la guerre. Les quelques services que j'avais rendus avaient attiré son intention. Il savait notamment quel avait été mon rôle dans les affaires du Tonkin, quel concours j'aurais pu apporter à notre diplomatie si mes avis avaient été écoutés.

Ceux qui *liront* le récit que je fais ici même de ma participation dans les négociations relatives au traité de paix conclu entre la France et la Chine pourront s'expliquer les motifs qui avaient décidé le général Boulanger à me donner sa confiance.

Je fus en rapport avec le ministre pendant la durée de ses fonctions ministérielles ; j'avais l'honneur de le voir souvent et de recevoir ses instructions. Le général était très désireux de fonder à l'étranger un service *permanent* de renseignements confidentiels, émanant non pas des rédactions de journaux, mais des chancelleries et des ministères. Il me disait à ce propos *que ce qu'il était si facile aux étrangers de faire chez nous, nous pouvions bien arriver à le faire chez les autres.* Le principe était juste, il suffisait de l'appliquer. Le ministre me demanda si j'étais disposé à me charger de l'organisation de ce service : j'acceptai.

La tâche n'était pas, on le comprendra sans peine des plus aisées à accomplir. Le ministre, qui m'avait laissé carte blanche sur les moyens d'exécution, m'avait dressé un programme dont je n'ai pas besoin de donner ici le détail, mais qui était très étendu. Il ne s'agissait pas seulement dans sa pensée de recueillir à l'étranger des informations intéressant la défense du territoire, mais aussi des renseignements diplomatiques.

« La diplomatie prépare la guerre, me disait-il : ce sont les choses secrètes de la diplomatie qu'il faut arriver à connaître à leurs sources les plus sûres. Je devais donc, pour me conformer au plan général instruit par le ministre, gagner des intelligences dans la plupart des chancelleries européennes. Ce plan, grâce au concours actif et toujours empressé du général, *puisqu'il a bien voulu m'aider encore, et dans des proportions autrement importantes que celles révélées par le reçu de 32,000 francs, après son départ du ministère,* je l'ai exécuté en entier. Je suis arrivé à recevoir de Berlin, de Vienne, de Rome, des communications d'un haut intérêt qui ont été appréciées par les ministres qui se sont succédé au pouvoir.

En ce qui concerne la Belgique, j'avais reçu des instructions très précises.

Le général Boulanger était convaincu que l'Allemagne possédait dans ce pays une organisation complète d'espionnage politique, et que le rôle de la Belgique dans les événements qui se préparent à Berlin aurait une grave importance. Je fus chargé de découvrir l'organisation des services allemands, et en particulier d'étudier les agissements des attachés militaires allemands en résidence à Bruxelles.

Diverses questions attirèrent ensuite mon attention. Par Berlin j'étais tenu au courant de la plupart des questions qui se traitaient entre la chancellerie allemande et le cabinet de Bruxelles. J'avais donc des points de repère excellents, d'une indication certaine. C'est ainsi que j'eus connaissance de questions intéressant au plus haut point notre politique et notre mobilisation.

C'est moi qui ai révélé le premier l'existence de ce traité secret qui lie intimement la Belgique à l'Allemagne, en vue de certaines éventualités, dont la construction des fortifications de la Meuse constitue une des conséquences les plus importantes et les plus menaçantes ; c'est moi qui, après avoir connu exactement tous les détails de cette question, en ai fait l'objet d'une publication qui causa en son temps la plus vive émotion dans le monde diplomatique ; c'est moi qui ai été reconnaître ces travaux préparatoires d'une mobilisation rapide des armées allemandes sur la frontière est de la Belgique ; c'est moi qui ai montré la valeur stratégique des lignes construites dans les régions d'Eupen et de Montjoie, confinant aux points d'embranchement des lignes directes vers le Luxembourg. Il n'est pas une question concernant les projets et les préparatifs de l'Allemagne que je n'aie connue et étudiée, et cette étude, je l'aie poursuivie après le départ du général Boulanger avec une activité qui ne s'est pas ralentie un seul jour ; car le service qu'il m'avait chargé de fonder était définitivement établi, et il fonctionnerait actuellement encore, si M. Spuller n'était pas arrivé au quai d'Orsay.

LES DOCUMENTS BULGARES

Je ne puis, dans cet exposé succinct, que donner des aperçus : il me faudrait des volumes si je devais entrer dans les détails. Je ne veux pas cependant oublier de dire, ce que j'ai déjà rappelé, que c'est à mon initiative, que c'est par mon fait que les fameux documents bulgares ont été découverts. A cette occasion encore, on me permettra de révéler que, *si les preuves de l'authenticité de ces précieux documents ont pu être acquises, c'est grâce au concours du général Boulanger, qui m'a fait obtenir les fonds nécessaires pour les acquérir.* Il existe des témoins d'une autorité indiscutable, qui connaissent cet incident dans tous ses détails, et qui attesteront que le rôle du général, dans toutes ces questions d'un intérêt si grave pour notre pays, a été le rôle d'un patriote ardent et d'un politique éclairé.

Mon ambition eût été de donner à mon service d'informations une plus grande extension. Malheureusement les ministères se suivent et ne se ressemblent pas. C'est là une des lacunes les plus regrettables du régime parlementaire, qui met à la tête des départements ministériels les plus importants des hommes qui ne connaissent pas grand'chose de leurs nouvelles fonctions. M. de Bismarck est ministre des affaires étrangères depuis 1862. Ses services ne subissent pas un moment d'arrêt : il est sûr du lendemain. Nous, nous prenons n'importe qui, et on le nomme ministre des affaires étrangères.

Il faut lui faire son éducation, comme à un apprenti ; et, lorsqu'il se décide, après bien des pourparlers, à faire quelque chose d'utile, il tombe. Il faut recommencer avec son successeur, qui vous prend d'abord pour un solliciteur ; il faut attendre dans les antichambres, se compromettre, perdre du temps. C'est navrant ! Ce que je raconte là, il n'est pas un ministre qui n'en fasse l'aveu. Le fait est singulier : ils savent tous combien est défectueux, combien est dangereux le système politique qui régit nos institutions.; pas un seul n'emporte de son passage au ministère d'autre résolution que celle d'y rentrer dans les mêmes conditions.

Le général Boulanger, soit dit en passant, est le seul ministre qui ait compris que le parlementarisme, qui favorise l'instabilité ministérielle, est le plus redoutable ennemi de notre puissance politique. C'est une opinion tellement juste, tellement justifiée, qu'elle a soulevé contre elle les haines que l'on sait. C'est à n'y rien comprendre.

Je n'ai pas le désir, pour le moment, d'en dire davantage sur ce sujet qui a une si grave utilité. Un peu plus tard, prochainement sans doute, je développerai toutes ces questions, je révélerai le fonctionnement de mes services d'informations, à l'occasion desquels il n'est pas un ministre qui ne m'ait donné des ressources et accordé des félicitations. J'ai servi mon pays avec tout le dévouement dont je puis être capable, et, si je suis arrivé à des résultats qui ont été appréciés, je n'ai jamais sollicité une récompense, je n'ai jamais rien demandé ni pour moi ni pour personne des miens : les ministres me rendront cette justice. Je puis bien dire aussi que, lorsque les ressources ministérielles étaient insuffisantes, je comblais de ma poche les différences. Je n'ai pas compté ; j'ai supposé que j'en avais acquis le droit.

Est-il nécessaire, maintenant, de revenir sur l'incident du réquisitoire ? C'est moi-même que M. de Beaurepaire a qualifié de toutes ces expressions que je citais plus haut. Tout ce que j'ai tenté de faire pour le service de l'État : intrigues ! Mon existence complètement humble : intrigues ! Mon travail qui depuis ces dix dernières années ne s'est pas arrêté un jour : intrigues ! Mes services rendus : intrigues ! Je n'ai fait qu'intriguer ! De plus, j'ai été une sorte d'agent de M. de Bismarck. L'accusation, qui est infamante au premier chef, s'étale en plein dans le réquisitoire. Elle y est, et elle y restera comme une tache indélébile. Voilà ma récompense ! Et la cause de cette infortune exaspérante? Mon reçu, c'est-à-dire une pièce qui prouve que j'ai été employé au service de l'Etat ; une pièce qui peut, en dehors de ma déposition, se justifier par elle-même, *une pièce dont l'authenticité peut être affirmée par des témoins qui ont vu et qui ont su*. Ces témoins déposeraient demain devant la Haute Cour, si je les citais à la barre.

En attendant que sonne l'heure des justifications légitimes, je vais dévoiler les édifiantes intrigues du parti opportuniste dans l'affaire du Tonkin.

LA VÉRITÉ

SUR

LE TONKIN

LA VÉRITÉ
SUR LE TONKIN

I

Ce qu'a coûté à la France la politique de M. Ferry.
Le rôle de M. de Freycinet.
Le tribut de l'Annam.

Le rôle de M. de Mondion dans les négociations pour la paix. — Ce qu'était le tribut de l'Annam. — La question religieuse. — L'opinion des diplomates. — Le cas de M. de Freycinet.

Je me propose d'exposer brièvement quelle a été la politique suivie par M. Ferry et ses amis dans ce lamentable épisode de notre histoire contemporaine qui gardera le nom déconsidéré d'*affaire* du Tonkin.

Ce que je vais dire, ce que je vais révéler, intéresse au plus haut point l'avenir de la France. C'est notre droit à tous, au moment où vont comparaître devant les grandes assises de la nation tous ceux, ministres et députés, qui ont été les dépositaires de la souveraineté nationale, et qui viennent demander le renouvellement de leur mandat, d'examiner les actes de leur politique et de conclure, en connaissance de cause, s'ils ont été dignes de leur mission.

C'est notre devoir de leur demander des comptes, et de nous éclairer sur les mobiles qui ont inspiré leur conduite politique.

C'est cet examen que je viens faire, m'autorisant, pour entreprendre cette tâche, de ce titre d'agent secret que des hommes sans patriotisme sont venus me jeter à la face comme une insulte, mais que je revendique comme un honneur, puisque j'ai pu servir utilement mon pays, dans toutes les circonstances graves où j'ai pu trouver l'occasion de le servir.

Je professe, du reste, à l'égard des injures, d'où qu'elles viennent, le « honni soit qui mal y pense ! » ; car si j'ai rendu quelques services appréciables, — et le public en jugera, — je n'ai pas d'autre excuse à fournir de ma conduite.

Quant au rôle que j'assume aujourd'hui, j'en prends l'entière responsabilité. J'estime que c'est encore servir son pays que de révéler les vérités que l'on cache, s'il peut sortir de ces révélations une connaissance approfondie des fautes politiques accomplies par nos hommes d'Etat *dans toutes les questions où ils ont engagé la fortune et l'honneur de la France.*

Une de ces premières questions que je veux examiner, parce que je la connais dans tous ses détails, parce que le l'ai vécue au jour le jour, est la question du Tonkin. J'ai été pendant plusieurs années, depuis le jour où cette malheureuse question est devenue une sorte de *danger national* jusqu'au jour où elle s'est relativement calmée, LE CONFIDENT DES PLÉNIPOTENTIAIRES CHINOIS qui ont eu la mission difficile de discuter, soit directement, soit indirectement, avec M. Ferry, des conditions d'un arrangement à intervenir entre la France et la Chine. C'est dire que j'ai su exactement tout ce qui s'est passé, tout ce qui s'est fait ; c'est dire combien il m'est facile d'expliquer pourquoi nos armes ont été engagées au Tonkin contre la Chine, pourquoi nous avons subi tant de sacrifices, pourquoi nous avons fait tant de victimes, pourquoi enfin nous avons laissé compromettre en Extrême-Orient le renom de la France, si grand, si respecté avant ces événements, abaissé aujourd'hui et déconsidéré pour de longs temps à venir. Car ce sont les seules conséquences de la politique néfaste suivie par M. Ferry et ses amis. L'EXPÉDITION DU TONKIN N'A ABOUTI QU'A LA RUINE DE L'INFLUENCE FRANÇAISE EN CHINE, ALORS QUE LE SEUL INTÉRÊT DE NOTRE POLITIQUE NATIONALE ÉTAIT D'ÉTENDRE CETTE INFLUENCE EN LUI DONNANT DES BASES DURABLES, FONDÉES SUR L'ESTIME RÉCIPROQUE DES DEUX NATIONS.

Je vais montrer quelle a été la conduite

de notre gouvernement ; je montrerai en regard quelle a été celle du gouvernement chinois : l'opinion publique appréciera.

Il serait trop long d'exposer ici à la suite de quelles circonstances notre diplomatie a été amenée à discuter avec la Chine des conditions de notre occupation au Tonkin et en Annam. Qu'il suffise de dire que, le 15 mars 1874, la France signa un traité avec l'Annam, aux termes duquel nous nous engagions à donner au roi d'Annam l'appui nécessaire pour maintenir l'ordre et la tranquillité dans ses Etats. Il n'était pas question dans ce traité, de l'établissement d'un *protectorat politique* à exercer sur l'Annam : c'était un simple traité de paix et d'amitié. La France avait compris l'importance très grande qui résulterait, pour l'intérêt de son commerce et l'extension de son influence civilisatrice, de l'occupation au Tonkin de places servant d'entrepôts, à l'embouchure de ce delta où aboutissent les voies fluviales du sud de la Chine. Cette idée première était excellente, *mais à la seule condition de vivre en bonne intelligence avec les Chinois, dont nous allions devenir les voisins ; à la seule condition de faire de la Chine l'alliée de notre politique et de la considérer comme associée à nos desseins.*

Aussi le duc Decazes, ministre des affaires étrangères, avait-il très prudemment déclaré « qu'il avait renoncé à exercer ouvertement un protectorat sur l'Annam » (Dépêche du 7 septembre 1877).

Quelle était donc la difficulté qui, dans l'esprit des diplomates qui eurent les premiers à traiter ces questions s'opposait à l'adoption d'une politique de PROTECTION, *dans le sens où ce mot a été pris depuis par M. Ferry ?*

C'est précisément la réponse à cette question qui va nous faire connaître la gravité des fautes commises par le chef du parti opportuniste.

De temps immémorial, le Céleste-Empire a exercé sur l'Annam une sorte de droit de suzeraineté qui consiste dans l'octroi de l'investiture royale aux souverains de l'Annam et dans l'acceptation d'un tribut triennal porté à la cour de Pékin par une ambassade annamite.

La Chine officielle (est-il besoin de le dire, tant le sujet est rebattu) est dirigée par d'antiques superstitions qui, sous le nom de *rites*, sont considérées comme immuables. La Chine, je parle de la Chine de 1880, n'avait pas d'autre politique à faire respecter que celle dont les rites proclamaient la légitimité. Or, les rites maintenaient l'existence du tribut triennal de l'Annam, formalité d'un caractère plutôt religieux que politique : car le tribut, consistant en une pièce de soie et une balle de riz était donné au *fils du Ciel*, au *représentant du Dragon*. La suzeraineté de l'empereur n'avait pas un caractère bien différent de celle que pourrait prétendre avoir le Pape sur les nations catholiques si nous appelions *tribut* les offrandes et les dons que les catholiques présentent au chef de leur religion. Cette suzeraineté de la Chine, qui ne constituait entre la Chine et l'Annam qu'un *lien moral*, n'avait aucun caractère politique ; elle était inscrite dans les rites : c'était là sa seule importance.

C'est cette situation, d'un ordre absolument spécial, concernant les relations de la cour d'Annam avec le souverain de l'empire du Milieu, qui a été la cause réelle de tous les malheurs que nous avons éprouvés au Tonkin. La France n'a pas été entraînée dans cette expédition maudite pour un autre objet que celui-là : *empêcher des mandarins annamites d'aller tous les trois ans porter une offrande !* — *au représentant du Dragon !* Nos hommes ne se sont pas fait tuer pour autre chose ! Toutes les souffrances qu'ils ont endurées, toutes les privations qu'ils ont supportées — et Dieu sait combien dures elles ont été ! — tous les deuils, toutes les douleurs qui saignent encore ; nos arsenaux désorganisés, le trésor de la nation dissipé par centaines de millions ; notre diplomatie bafouée en Allemagne, en Angleterre et en Chine ; notre influence abaissée et le nom de la France enfin compromis..... tous ces sacrifices ont été imposés à la patrie POUR EMPÊCHER UNE AMBASSADE ANNAMITE D'ALLER HONORER LE DRAGON CHINOIS !

M. Ferry n'a pas voulu, malgré les plus sages conseils qui lui ont été donnés, en dépit de tous les avertissements qu'il a reçus, il n'a pas voulu que le Dragon d'Annam fît acte d'hommage au Dragon de Chine ; il n'a pas voulu que cette antique coutume, qui ne pouvait qu'aider aux desseins de notre politique, puisqu'elle maintenait intactes nos relations d'amitié avec la Chine officielle, subsistât dans les traités ; il a estimé qu'il était habile et loyal de blesser la Chine, pour la vaine gloire de créer une Chine anti-française, pour susciter des ennemis à la France et provoquer une guerre qui, en se prolongeant, ferait durer une période ministérielle infiniment plus précieuse que la

vie de nos soldats et le trésor de la patrie...
Si ce n'est là la seule raison, pourquoi donc
M. Ferry n'a-t-il pas accordé au Fils du
Ciel son petit cadeau annamite! *Il savait,*
ET JE VAIS LE DÉMONTRER PAR DOCUMENTS ET DÉ-
PÊCHES OFFICIELLES, *que, s'il avait respecté le
droit de la Chine, il avait la paix et l'amitié
de la Chine.* Ce n'était pas suffisant pour
l'ambition du parti opportuniste !

Je répondrai plus loin, par des témoi-
gnages officiels irrécusables, à ces deux
questions : 1° M. Ferry a-t-il refusé à la
Chine de consentir à l'envoi du cadeau
annamite? 2° La Chine a-t-elle fait de
cette réclamation une condition de paix?

La question du tribut annamite *n'était
pas une question nouvelle, imprévue,* au
moment où M. Ferry, président du conseil et ministre des affaires étrangères,
ignorait cette politique, dite coloniale,
QUI A COUTÉ A LA FRANCE UN CORPS D'ARMÉE
ET UN MILLIARD. La question du tribut avait
déjà été traitée, discutée, jugée, *non pas*

*par des avocats ou des ingénieurs que
les hasards de la vie parlementaire portent aux plus hauts postes du pouvoir,*
mais par nos ambassadeurs en Chine, par
des amiraux qui avaient commandé nos
stations en Extrême-Orient, c'est-à-dire par
des autorités dont les conseils reposaient
sur une expérience acquise.

Les opinions les voici :

Le 27 mai 1875, M. de Rochechouart,
ministre de France en Chine, écrit au duc
Decazes, ministre des affaires étrangères,
que, « chargé de remettre au gouvernement
chinois une copie du traité d'amitié conclu
avec le roi d'Annam, il a préféré *glisser*
sur la question du *Protectorat* ». (*Livre
jaune*, vol. I, n° 12.)

L'amiral Duperré, gouverneur de la
Cochinchine, consulté en 1876 sur la signi-
fication qu'il fallait donner à l'envoi du tri-
but annamite, répondit nettement « QUE LE
TRIBUT N'AVAIT AUCUNE IMPORTANCE, QU'IL FAL-
LAIT AUTORISER SON ENVOI RÉGULIER »; et il don-

nait à son avis une excellente raison :
« Pourquoi, disait-il, nous faire des ennemis à Pékin ? » C'était le langage même de
la raison et de la sagesse. Il voyait juste, le
brave amiral ; mais les idées justes ne sur-
vivent pas aux ministères qui les accueillent ;
elles s'en vont aux archives, n'ayant pas le
privilège qu'ont les phénix de renaître de
leurs cendres.

Le 30 mai 1877, M. le duc Decazes con-
sulte de nouveau notre ministre en Chine,
M. de Montmorand, et il lui demande son
avis sur la question du tribut. « J'éprouve
pour ma part, lui répond notre représentant,
quelques hésitations à admettre que, dans
des pays où l'influence des traditions est si
forte et si respectée, quand elle est entre-
tenue surtout par des affinités de race, de
mœurs, de religion, on puisse faire aussi
bon marché de la longue habitude qui assu-
jettit, pendant plusieurs générations de
souverains, l'Annam à la Chine. »

Le 30 septembre de la même année,

M. de Montmorand revient encore sur le même sujet : « On ne peut se flatter, écrit-il dans une dépêche officielle, de voir briser en un jour des liens que des conformités de race, de religion et de mœurs ont établis depuis des siècles, entre deux peuples *chez lesquels les traditions sont tout, et où le respect des anciennes coutumes tient lieu de civilisation.* »

Ces documents ne sont-ils pas concluants ? Notre diplomatie était éclairée autant que diplomatie peut l'être ; la question était bien jugée, il fallait, dès cette époque où la Chine manifestait déjà certaines inquiétudes sur le caractère réel des intentions de notre politique en Annam, s'entendre avec la Chine, préciser exactement la situation que nous voulions prendre, qui ne devait pas prétendre « briser en un jour des liens que des conformités de race, de mœurs et de religion, avaient établis depuis des siècles entre deux peuples ». C'était le bon sens qui devait régler cette démarche de notre diplomatie; c'était le sentiment exact des difficultés qui pouvaient surgir d'un moment à un autre, et que la prudence commandait impérativement d'éviter, au nom même des intérêts les plus sacrés de la patrie, qui devait dicter cette conduite loyale et si facile à tenir de notre politique...

M. de Freycinet eut l'insigne honneur d'être au pouvoir lorsque cette fatale question du tribut revint sur le tapis. Il aurait pu, d'un trait de plume, résoudre pour toujours une difficulté qui a coûté tant de sacrifices inutiles à la France; il aurait pu, s'inspirant de ces conseils si précieux que je citais plus haut, donner à notre politique la seule attitude logique et patriotique qu'elle devait prendre à l'égard d'un droit immémorial de la Chine qui était dans la coutume, il aurait pu empêcher tout le mal qui a été fait... Or, veut-on savoir quelle a été la conduite de cet homme d'Etat? J'ai honte à le dire, et ce sentiment d'humiliation que je ressens, tous mes compatriotes le ressentiront comme moi.

En 1880, une ambassade annamite se disposait à aller porter au Fils du Ciel l'antique tribut de la cour d'Annam. M. de Freycinet écrit à ce sujet à l'amiral Jauréguiberry ce qui suit :

« J'estime avec vous que la solution définitive à donner aux difficultés soulevées par les liens de vassalité que l'*Annam persiste à vouloir reconnaître*, est intimement liée au projet en ce moment à l'étude pour le remaniement du traité de 1874. Je partage vos doutes *sur la possibilité* de nous opposer aujourd'hui, D'UNE MANIÈRE OSTENSIBLE, à l'ambassade qui se prépare, après que nous avons fermé les yeux sur une première manifestation de ce genre, il y a deux ans. Il me semble toutefois que nous pourrions *sans inconvénient* inviter M. Rheinhart à faire des efforts pour *détourner indirectement* le gouvernement annamite de son projet, en laissant entendre que la France, *sans élever d'objection formelle*, verrait cependant d'un mauvais œil (*sic*) l'envoi d'une mission à Pékin. »

Voilà le chef-d'œuvre ! Je ne connais pas de document, qualifié de diplomatique, qui puisse être comparé à celui-là. Et c'est de cette manière que se traitent les affaires de la France. C'est stupéfiant !

Comment ! la France — la France ! — désapprouverait l'envoi d'une mission à Pékin, et elle n'élèverait pas *d'objection formelle !* Elle protesterait *indirectement, par peur des inconvénients !* C'est la France qui parle ainsi ! C'est la France, pays de loyauté et de franchise, qui s'abaisse à ce point de ne pouvoir oser, *d'une manière ostensible,* s'opposer à ce qu'elle croirait contraire à son droit ! Car enfin, puisque nous discutons, soyons au moins logiques : si cette ambassade heurtait les droits de la France, il fallait l'arrêter net aux frontières de Chine et lui barrer le chemin. Au nom de la France, on ne passe pas ! — Et c'était là

de la politique que tout le monde eût approuvée.

Si, au contraire, cette ambassade était
dans la coutume, si elle répondait à un droit
de la Chine, vaine formalité dont se con-
tentait son gouvernement, il était du devoir
de la France d'y souscrire, justement par
crainte de ces inconvénients dont notre
ministre des affaires étrangères avait si
grand'peur. *Il les connaissait donc, ces
inconvénients*, le chef de notre diplomatie,
pour en parler si sûrement ? Il savait donc
que la Chine défendrait ses droits un jour
ou l'autre ? car ses agents diplomatiques ont
dû lui dire que la Chine poursuivait ses
armements, qu'elle fortifiait ses ports, qu'elle
se préparait à une guerre prévue... Et s'il
savait cela, pourquoi donc n'a-t-il pas été
au-devant de la difficulté, afin d'éclairer
l'opinion, dont il dépendait, sur une question mal comprise jusqu'alors ? Il fallait dès
ce moment, en 1880, affirmer résolument la
politique de la France, et prendre une atti-

tude correcte, loyale, au lieu d'adopter ces faux-fuyants, sans but défini, dont l'artifice mal dissimulé n'avait d'autre mobile que de soutenir un pouvoir ministériel chancelant ; il fallait prendre honorablement le parti de la France, en lui faisant jouer un rôle qui fût digne du renom qu'elle possédait encore dans ces lointaines contrées !

Est-ce que ce n'est pas la logique même qui légitime ces reproches ? Est-ce que je ne sais pas — et tous mes compatriotes vont le savoir comme moi — QUE LA CHINE A VAINEMENT ADJURÉ M. FERRY DE CONSENTIR A CE QUE LA FORMALITÉ DU PRÉSENT ANNAMITE FUT CONSERVÉE, AFIN QUE LA PAIX FUT DÉFINITIVEMENT ET RÉELLEMENT CONCLUE ENTRE LA FRANCE ET LE CÉLESTE-EMPIRE ! Est-ce que je ne sais pas, puisque j'ai moi-même tenté tous les efforts pour que ce résultat fût atteint, QUE LA CHINE A OFFERT POUR NOTRE COMMERCE LES AVANTAGES LES PLUS PRÉCIEUX, POUR NOTRE TRÉSOR NATIONAL DES MILLIONS, POUR NOTRE INFLUENCE SON AMITIÉ, pourvu que la France ne s'opposât pas à la formalité du tribut religieux de l'Annam?

Comment le peuple français supporte-t-il donc que des hommes d'Etat commettent en son nom d'aussi lourdes fautes, qu'il lui faut payer ensuite par le sang de ses soldats et les épargnes de son trésor, quand d'un moment à l'autre il peut être question de l'existence même de la patrie!

II

Pourquoi la France a perdu un corps d'armée et un milliard.

La vérité sur le massacre de Bac-Lê.

Un document officiel.

Les fautes de M. Ferry. — La Chine quantité négligeable. — L'incident de Bac-Lê. — La convention Fournier· — M. Ferry viole sa parole. — Une dépêche de M. Patenôtre.

La faute capitale de la diplomatie française, sous l'administration de MM. de Freycinet et Ferry, qu'il me convient de solidariser parce qu'ils sont l'un et l'autre responsables des conséquences que nous avons si chèrement expiées, a donc été de refuser systématiquement de voir *l'action de la Chine s'exerçant en Annam et au Tonkin.*

On a eu beau leur dire : Prenez garde ! la Chine écoute volontiers les avis qui flattent son orgueil ; elle est patiente ; elle choisira son heure..., rien n'y a fait ! La seule inspiration de leur politique était cette malheureuse phrase tombée un jour des lèvres de M. Challemel-Lacour : « La Chine est une quantité négligeable » ; et, comme cette opinion était précisément en contradiction parfaite avec celle que professaient nos ministres en Chine, elle a séduit M. Ferry et elle est devenue pour lui « parole d'Evangile ».

La Chine, une quantité négligeable !

La Chine, cette nation de 400 millions d'individus que les Anglais et les Allemands considèrent comme les clients les plus précieux de leur commerce et de leur industrie, une quantité négligeable !

La Chine, cet immense empire, dont le développement social est appelé à produire dans le monde une révolution économique sans égale, une quantité négligeable !

De quel nom qualifier la légèreté des hommes d'Etat qui commettent de pareilles erreurs ? Comment n'ont-ils pas reconnu, à la longue, — car enfin tout ministre est perfectible, je le suppose du moins, — qu'ils s'étaient trompés, et qu'ils faisaient fausse route ? Non : ils n'ont pas voulu ; ils se sont obstinés dans leur entêtement stupide : LE SEUL POINT IMPORTANT QUI LES INTÉRESSAIT ÉTAIT QUE L'AFFAIRE DURAT LONGTEMPS.

Cependant la Chine, attentive à tous les événements qui se préparaient, prouvait en toutes circonstances qu'elle était bien décidée à ne rien abandonner de ses droits. La *Gazette officielle de Pékin* publia en 1881 un document dont la signification aurait dû être sérieusement comprise par nos ministres : c'était une lettre du roi d'Annam à l'empereur de Chine, où il disait que, « l'époque du tribut étant arrivée, il éprouvait le plus vif désir de se conformer aux règlements... ».

C'est en 1881 que la Chine publie ce document ; elle montrait donc clairement qu'elle tenait essentiellement à ce tribut, que

le roi d'Annam appelle lui-même « un acte
de respectueuse affection ».

Etait-il habile, était-il prudent d'empêcher
le roi d'Annam de continuer à observer vis-
à-vis de l'empereur du Milieu cette attitude
de « respectueuse affection » qui était con-
forme aux rites? Mais, encore une fois,
les questions de l'Extrême-Orient ne con-
cernent que des intérêts ; en quoi l'honneur
de la France était-il en jeu? Il était donc
venu à l'esprit de M. Ferry d'abaisser la
maison de Chine? Car c'est là exactement
le sens de sa politique, qui serait incom-
préhensible si on ne lui donnait comme inspiration cette grande pensée, renouvelée de
ses souvenirs classiques. Abaisser la Chine !
L'habileté seule commandait d'*imposer* au
roi d'Annam la formalité du tribut ; c'était,
en lui donnant ce bon exemple de fidélité
aux vieux usages, lui inspirer le goût de la
fidélité, cette vertu qui n'est pas précaire
seulement qu'en Annam ; c'était faire acte
de diplomatie.

M. Ferry a préféré « révolutionner » : il l'a expulsé d'Annam, comme un simple révérend Père. Et alors les conséquences sont venues ; les difficultés ont commencé. La Chine, transformée en ennemie de la France, a conspiré, secrètement d'abord, à la manière de ceux qui se sentent les plus faibles ; puis un beau jour elle a accepté le défi, et nous avons subi Bac-Lé et Lang-son. Voilà pourquoi les Pavillons-Noirs étaient si bien armés ; voilà pourquoi la Chine déclarait qu'elle ne combattait pas officiellement au Tonkin quand elle y était ; voilà pourquoi Rivière a été massacré ; voilà pourquoi toutes les choses étranges qui se sont passées là-bas s'y sont passées ; voilà pourquoi il s'en passera bien d'autres, s'il est permis de déranger l'équilibre mal assuré de toutes les fantaisies coupables de nos opportunistes.

Je vais préciser cette situation et prouver ce que je viens de dire.

Nos soldats s'étaient bravement battus et

avaient triomphé à Bac-Ninh et à Sontay ;
la Chine comprenait bien qu'elle se lançait
dans une aventure qui lui coûterait cher,
si elle déclarait la guerre à la France. La
Chine est essentiellement la patrie de la
paix; le militarisme n'y est pas en honneur.
Un docteur, un licencié même, a le pas sur
un général, fût-il décoré de la plume de
paon. Du reste, les grades militaires s'achè-
tent, et n'importe qui peut devenir général
sans avoir passé d'examen. Il n'est même
pas nécessaire qu'il ait exposé ses jours
précieux sur un champ de bataille. Les deux
étoiles de brigadier ont un prix courant qui
n'est pas exagéré.

Chercher à avoir et à conserver la paix,
c'est toute l'ambition de la Chine. Les
grandes murailles qu'ils ont élevées sur leurs
frontières sont devenues symboliques ; elles
indiquent que les Chinois entendent être
enfermés chez eux, afin de vivre en paix ;
et personne ne les blâmera.

C'est pourquoi, lorsque le commandant

Fournier se rencontra à Tien-Tsin avec le vice-roi Li-Hung-Chang, la question d'une convention réglant définitivement le différend qui existait alors entre les Pavillons-Noirs fut tout naturellement posée. Le vice-roi, en homme éclairé et prudent, indiqua à notre compatriote *à quelles difficultés nous allions nous exposer si nous obligions la Chine à organiser et à maintenir la résistance;* il lui fit comprendre qu'il ne s'agissait en réalité que d'une question de rédaction, et que la paix dépendait uniquement de l'appréciation qui serait faite de la dignité de la Chine dans le traité définitif qui serait conclu.

Le commandant Fournier, qui n'était pas un diplomate de l'école de M. Ferry, Dieu merci ! accepta avec empressement les propositions du tout-puissant vice-roi ; il demanda des pouvoirs à Paris, les obtint, et signa le 11 mai 1884 cette convention de Tien-Tsin qui à quelques semaines de là devait être déchirée... par qui ? Par les Chinois ? Non : par nous, par M. Ferry.

Cet incident a une importance capitale dans l'étude de la question que je soumets actuellement au jugement de l'opinion publique. Il a été interprété de divers manières que je laisse aux amis de M. Ferry le soin de discuter tout à leur aise ; aucune de ces interprétations ne répond exactement aux circonstances politiques qui avaient été officiellement définies dans la convention que M. le commandant Fournier avait conclue avec le vice-roi Li.

Cette convention avait, en effet, été rédigée avec tant d'intelligence et de tact par le secrétaire du vice-roi, qu'elle résolvait toutes les difficultés pendantes, à l'égale satisfaction de la France et de la Chine. Ce secrétaire, un des hommes les plus instruits de la Chine, un de ceux qui connaissent le mieux les questions diplomatiques internationales, était un ami de la France. Je parle de Ma-Kié-Tchong, dont j'ai eu l'honneur de faire ici, à Paris, toute l'éducation. Ma est retourné en Chine, après avoir passé

avec succès les examens de bachelier ès
sciences, de bachelier ès lettres, et de licencié en droit; il est le seul, parmi ses compatriotes, qui possède les titres universitaires
de nos Facultés. Et, puisque M. Quesnay de
Beaurepaire a bien voulu parler de mes
intrigues, je lui rappellerai que celle-là est
une de mes intrigues : je ne crois pas qu'elle
me déshonore.

Le commandant Fournier a pu apprécier
du reste, quel a été le rôle de Ma-Kié-Tchong.
Il a été la conciliation même, et c'est à lui
que l'on doit la rédaction de cette convention du 11 mai dont le mérite inappréciable
était de satisfaire aux demandes de la France,
en même temps qu'elle suffisait aux exigen-
ces légitimes de la Chine officielle. Trois ca-
ractères chinois avaient opéré cette mer-
veille. Le texte de la convention faisait
simplement mention, pour déterminer la
situation de l'Empire vis-à-vis de l'Annam,
de la « majesté », de la « dignité » et du
« prestige » de l'Empereur. C'était tout ce

que demandait la Chine, c'était tout ce que réclamaient ses représentants autorisés, dont l'habileté ne voulait pas avoir d'autre dessein que de trouver des formules compatibles avec les rites, avec les règlements imprescriptibles du gouvernement impérial.

Cette convention aurait pu être définitive, et le 11 mai 1884 nous terminions à notre honneur un différend *qui n'avait pas encore été officiellement affirmé par la Chine*. Nous avions obtenu toutes satisfactions, et la Chine avait « sauvé la face », pour employer l'expression originale de la diplomatie chinoise.

Pourquoi les heureux effets de cette convention n'ont-ils pas été réalisés ? Pourquoi, à quelque temps de là, toutes ces questions que l'on croyait résolues, se sont-elles subitement envenimées au point de rendre la Chine notre ennemie obstinée, n'ayant plus qu'une seule passion, celle de la résistance à outrance, celle de la revanche ?... Pour répondre à cette question, il faut interroger

2.

les actes de M. Ferry : lui seul a commis les fautes dont nous avons depuis lors supporté les désastreuses conséquences.

Qu'a fait M. Ferry, qui, le 11 mai 1884, venait de donner à M. le commandant Fournier les pleins pouvoirs pour signer, au nom de la France, la convention de Tien-Tsin? Attend-il à Paris le retour de son représentant? Attend-il d'être éclairé sur toutes les phases de la question? Attend-il de savoir exactement quelle est l'impression de notre négociateur? Il s'agissait bien de cela! M. Ferry envoie notre ministre, M. Patenôtre, à Hué, et lui donne l'ordre de signer avec le roi d'Annam ce traité du 6 juin 1884 qui annule en Annam la « majesté », la « dignité » et le « prestige » du Fils du Ciel. Notre ministre fait brûler solennellement à Hué le sceau impérial, qui était le signe de la suzeraineté du Fils du Ciel sur l'Annam. M. Ferry déchire donc sans motifs, sans raison avouable, la convention du 11 mai ; il humilie l'empereur de

Chine ; il fait de son gouvernement, qu'il outrage l'ennemi irréconciliable de la France ;
il fait taxer notre diplomatie de déloyauté.

Il est impossible d'interpréter autrement
ces événements. C'est M. Ferry qui le premier a provoqué la Chine, *en violant une
convention signée* en commettant cette faute
inexcusable de se refuser à admettre en
Annam la suzeraineté religieuse et morale
de l'empereur de Chine, Fils du Ciel et Représentant du Dragon.

Cette interprétation est tellement dans la
vérité qu'il n'est même pas besoin d'aller
chercher des textes pour la justifier... *Les
faits sont autrement éloquents !* C'est le 6 juin
1884 que M. Ferry affirme à l'égard de la
Chine sa politique intransigeante et irres-
pectueuse des droits de l'Empire : c'est le
23 juin quinze jours après, qu'éclate le re-
tentissant incident de Bac-Lè. Les troupes
chinoises qui devaient évacuer Lang-son
tirent sur nos troupes : c'est la déclaration
de guerre. Est-ce clair ?

Le 23 mai, la France et la Chine signent une paix définitive, parce que la France reconnaît la « majesté » et le « prestige » du Fils du Ciel, suzerain de l'Annam ; le 23 juin, la Chine rompt la paix, parce que la France a méconnu le 6 juin la « majesté » et la « dignité » du Fils du Ciel.

Voilà les faits. Je les soumets à l'appréciation de l'opinion publique.

Cet incident de Bac-Lè dans le moment où il se produisit, a, on s'en souvient, profondément ému la Chambre. M. Ferry, qui n'en était pas à dédaigner ces mouvements de l'opinion, et qui comprenait bien l'utilité pratique qu'il en pouvait retirer pour les besoins de son parti, parut à la tribune armé de toutes les foudres de son éloquence et qualifiant l'attaque imprévue de Bac-Lé de guet-apons, il s'écria pompeusement : « Ces choses-là se payent ! » Et, de fait, il venait de créer une grave difficulté dont il ne prévoyait pas les suites. Prévoir n'est pas un don de cet homme d'État. Il avait

dit, aux applaudissements de sa majorité :
« Ces choses-là se payent ! », et il espérait
ce jour-là encaisser cette somme fantastique
de 250 millions qu'il eut la naïveté de réclamer au nom de la France, à la Chine...
M. Ferry a-t-il été payé ?

Il n'a pas reçu une sapèque, et nous
avons subi les plus pénibles humiliations
que jamais la France ait subies. Ayez donc
le courage d'avouer ces lamentables erreurs,
et, les ayant reconnues, prenons nos mesures pour confier les intérêts et l'honneur
de notre pays en des mains plus dignes et
plus capables ! Que ceux de mes compatriotes dont les fils sont morts là-bas, inutilement sacrifiés à une politique de parti
et pour une cause qui n'existait pas, se souviennent que ceux qui sont à jamais absents
du foyer de la famille y seraient encore si
la France, moins aveuglée, avait choisi pour
gouverner, des hommes d'Etat, dignes de
ce nom, plaçant au-dessus des intérêts d'un
parti l'intérêt suprême de la patrie ! Qu'ils

se souviennent, et qu'ils vengent leurs victimes !

Si, ce que je ne crois pas, les partisans
de M. Ferry — car il en a encore, même
dans l'Est, où le sentiment de l'honneur
national est si vif — n'interprétaient pas
l'incident de Bac-Lé comme je viens de le
faire, je leur donne en communication le
document suivant :

« M. Patenôtre, ministre de la République
française en Chine,

« A M. Jules Ferry, président du Conseil, ministre des Affaires étrangères :

(Télégramme)

« Shanghaï, le 17 août 1884.

« Le 14, le Tsong-li-Yamen a envoyé aux
représentants étrangers à Pékin une très
longue circulaire, que M. de Semallé (notre
chargé d'affaires) résume ainsi :

« La Chine n'a plus aucune concession
« à faire : elle ne peut qu'en appeler à l'ar-
« bitrage de toutes les nations ; elle proteste

« contre l'attaque de ses ports sans décla-
« ration de guerre.

« C'est la France qui a déchiré le traité
« de Tien-Tsin, en obligeant le roi d'An-
« nam à rendre le sceau et le brevet d'in-
« vestiture conféré par la Chine.

« Signé : PATENOTRE. »

Ce document est-il une preuve, oui ou
non, de la légitimité des griefs que je porte
contre la politique de M. Ferry? N'est-il
pas un témoignage concluant que la paix
qui existait le 11 mai a été rompue le
6 juin, par la seule faute de M. Ferry?

J'attends la discussion ; mais ce que j'ai
encore à dire achèvera de fixer la conviction
de ceux-là mêmes qui refuseraient de se
rendre à l'évidence, et établira les devoirs
immédiats de notre patriotisme.

III

Comment M. Ferry a refusé de faire
la paix aveo la Chine.
Les responsabilités du parti opportuniste.
Une preuve décisive.

Parallèle curieux entre le Tonkin et la Birmanie. — Situation identique. — Les fautes criminelles de M. Ferry. — Une paix honorable refusée. — Documents officiels édifiants. — Preuves irréfutables.

La seule démonstration que je tiens à présenter au public, en publiant ces notes à réflexions personnelles sur le rôle de M. Ferry dans l'affaire du Tonkin, ne concerne que ce fait : *Si M. Ferry et ses amis politiques avaient admis la suzeraineté religieuse de l'Empereur de Chine sur l'Annam, ils auraient épargné à la France tous les sacrifices qu'elle a supportés.* Il est évident que, si je devais raconter tous les incidents qui se rattachent à cette fatale expédition qu'on a appelée très justement un second Mexique, il me faudrait écrire un volume.

J'apporte aujourd'hui une preuve décisive. Elle ne provoquera aucune contestation. La voici :

Pendant que nous cherchions à nous installer au Tonkin, où la Chine, devenue notre ennemie, nous disputait pied à pied le terrain que nous devions conquérir au lieu de l'occuper pacifiquement, d'accord avec la Chine, l'Angleterre qui se préoccupait de la situation nouvelle que notre présence dans ces contrées allait créer, envahissait la Birmanie et y plantait son pavillon.

La Birmanie et l'Annam sont deux royaumes tributaires du Céleste-Empire. L'un est à l'ouest de la Chine, l'autre est au sud. Ils ont une égale importance géographique, au point de vue de l'établissement de débouchés donnant accès aux provinces méridionales de la Chine. Chacun de ces deux pays, organisé en royaume, reconnaissait la suzeraineté du Fils du Ciel, et envoyait à la cour de Pékin un tribut : la Birmanie tous les dix ans, l'Annam tous les trois ans.

L'Angleterre n'a pas eu sa question Birmanie : l'entreprise commencée en 1885 était terminée l'année suivante, sans que les Anglais aient eu de grands sacrifices en hommes et en argent. Cependant l'entreprise avait un caractère identique à celle que nous dirigions au Tonkin : elle heurtait également les droits de la Chine ; elle suscitait à Pékin les mêmes inquiétudes. Quelle a donc été la raison de ce succès de la diplomatie anglaise ? Comment expliquer que la Chine aurait pu adopter contre nous une politique de résistance et d'hostilité, et dans le même temps, alors que des causes identiques l'obligeaient à prendre contre les projets de l'Angleterre la même attitude de protestation et de résistance armée, se retirer de la lutte, et acquiescer aux établissements de l'Angleterre en Birmanie ! L'explication est facile à donner.

L'Angleterre, servie par des hommes d'Etat dignes de ce nom, a préféré s'entendre avec la Chine que de s'en faire une ennemie : ELLE NE S'EST PAS OPPOSÉE A LA RECONNAISSANCE DU TRIBUT BIRMAN. Voilà le secret de sa victoire !

L'Angleterre n'a pas jugé qu'il fût habile de risquer une expédition du genre de celle du Tonkin, pour le seul bénéfice d'exciter dans l'avenir l'inimitié de la Chine : elle a préféré reconnaître le droit séculaire de la Chine !... Voilà le secret de sa victoire ! Et aujourd'hui le pavillon anglais flotte sur le territoire de la Birmanie, entièrement annexé aux possessions de l'empire indien, et la Chine et la Grande-Bretagne n'ont pas eu à en venir aux mains pour obtenir les satisfactions réciproques que l'une et l'autre revendiquaient.

Et cependant, à bien considérer la conduite de l'Angleterre et la nôtre, il semble-

rait que la Chine eût dû réserver toutes ses protestations contre le rôle de l'Angleterre, qui, sans droit apparent, envahit la Birmanie, s'empare de sa capitale, prend le roi, le déclare à tout jamais déchu du trône, et l'exile loin de ses Etats.

C'est la royale Angleterre qui se conduit ainsi !

Nous, la France républicaine, nous respectons la dynastie d'Annam ; nous voulons protéger ses rois; nous leur donnons une liste civile !

Ceux-ci, les Anglais, usurpent en Birmanie tous les droits, *excepté celui de la Chine* ; ils triomphent, presque sans sacrifices, et ils conservent l'amitié précieuse de la Chine ;

Nous, les Français, nous respectons en Annam tous les droits, *excepté celui de la Chine,* et nos conquêtes, sanglantes et ruineuses, n'aboutissent qu'à nous créer l'inimitié de la Chine !

Voilà, dans cette simple opposition, d'une part, l'habileté de la politique anglaise ; de l'autre, l'ineptie de la politique française, sous la direction de M. Jules Ferry !

Il ne me reste qu'à fournir le document officiel qui prouve cette faute sans nom de notre diplomatie.

« ARTICLE PREMIER. — Considérant qu'il était d'usage d'envoyer tous les dix ans, de Birmanie en Chine, des missions avec des produits locaux, l'Angleterre consent à ce que les hautes autorités de la Birmanie continuent à envoyer ces missions ; mais les membres des missions doivent être de race birmane.

« ART. 2. — La Chine consent à ce que, dans tout ce qui a trait à l'autorité et au pouvoir que l'Angleterre exerce actuellement en Birmanie, l'Angleterre soit libre d'agir ainsi qu'elle le trouvera à sa convenance. »

(*Livre bleu*, 24 juillet 1886.)

Voulez-vous, s'il vous plaît, mettre à la place du mot Birmanie le mot Annam, et vous aurez la formule magique qui eût conservé à la France ses millions, et aux mères leurs enfants qu'une inutile gloire a fauchés.

Êtes-vous convaincus comme moi ? Touchez-vous du doigt la faute commise ? La comprenez-vous dans toute sa sanglante ineptie ?

Comprenez-vous maintenant que, pour avoir refusé d'envoyer une mission de mandataires annamites à la cour de Pékin porter des produits locaux, nous avons dépensé un milliard et fait tuer nos soldats ? Comprenez-vous que pour avoir refusé cette bêtise, nous avons bombardé l'arsenal français de Fou-Tchéou, et excité toutes les rancunes de la Chine ? Comprenez-vous enfin ?

Je dis, moi, que ceux qui ont commis cette faute inexpiable méritent qu'on leur crie sans cesse : C'est vous qui l'avez commise !

Ayez donc conscience de l'incapacité de ces hommes ! Elle coûte trop cher : du sang, des larmes, et le trésor sacré de la patrie !

Examinons maintenant, pour conclure avec plus de raison encore s'il est possible, si la Chine a offert la paix, à la condition que la France reconnaîtrait le tribut annamite.

J'ai dit comment, à la suite de l'affaire de Bac-Lè, la question du Tonkin, qui avait été réglée par la convention Fournier du 11 mai 1884, avait pris subitement le caractère grave d'une rupture officielle entre la France et la Chine.

M. Ferry, estimant que le devoir de la France, dans cette circonstance, était de se faire payer, *et non de déclarer la guerre, ce qui était le seul parti honorable à prendre, si le droit de la France avait été réellement violé,* commença cette campagne de dépêches diplomatiques dont les résultats ont été nuls, et où il n'est question que de représailles à exercer, de gages à prendre et de garanties à exiger. La Chine qui ne se souciait que du maintien de son tribut annamite, affirmait que sa conduite avait été correcte, qu'elle n'avait pas à prendre la responsabilité d'une violation due à l'initiative seule de M. Ferry ; elle déclarait, elle faisait déclarer dans toutes les chancelleries qu'elle désirait la paix, et non la guerre.

Les plénipotentiaires poursuivirent les négociations dans ce sens, à Paris et à Shanghaï. Si M. Ferry avait lui aussi désiré la paix, il pouvait la conclure le 3 août 1884.

Qu'on en juge !

« M. Patenôtre, ministre de la République française en Chine,

« A M. Jules Ferry, président du Conseil, ministre des Affaires étrangères.

(Télégramme)

« Shanghaï, le 3 août 1884.

« Voici les bases d'un arrangement que suggère M. Hart :

« La Chine reconnaissant que la France

« est obligée à des dépenses considérables
« pour assurer la sécurité commerciale au
« Tonkin, s'engagerait à verser pendant
« dix ans, à titre de contributions, une
« somme annuelle de 8 millions de francs,
« qui, par conséquent, équivaudrait aux
« 80 millions réclamés en dernier ressort.
« *M. Hart demandait que la France consen-*
« *tît, en échange, à laisser subsister le tribut*
« *annamite.*

« Signé : PATENÔTRE. »

A quelques jours de là, le 8 août,
M. Patenôtre écrit une longue lettre à
M. Ferry, au sujet de cette démarche du
négociateur autorisé par le gouvernement
chinois. J'y relève le passage suivant :
« Sir Robert Hart revint me voir, et me
soumit *un projet de règlement* aux termes
duquel la Chine s'engageait à nous verser
pendant dix ans, à titre de contribution de
frontières, une somme annuelle de 8 millions de francs. Il demandait qu'en retour

la France consentît au maintien du tribut qu'antérieurement aux nouveaux traités conclus par nous avec l'Annam, la cour de Hué envoyait tous les trois ans à la cour de Pékin, et qui ne pouvait, au dire de M. Hart, être considéré que comme *une simple formalité.* »

M. Ferry reçut cette lettre le 21 septembre ; elle confirmait pleinement la dépêche précédente du 3 août. M. Ferry pouvait donc à cette date, ou à celle du 21 septembre, conclure la paix avec la Chine dans des conditions très honorables et très avantageuses pour la France.

M. Ferry n'a pas voulu. Voici la preuve officielle de son refus ; il l'a notifié dans une dépêche dont la minute existe au quai d'Orsay :

« M. Jules Ferry, président du Conseil, ministre des Affaires étrangères.

« A M. Patenôtre, ministre de la République française en Chine.

« Paris, le 3 août 1884.

« La proposition faite par M. Hart est un
« symptôme favorable. QUANT A LA CONDI-
« TION RELATIVE AU TRIBUT ANNAMITE, ELLE NE
« PEUT ÊTRE PRISE EN CONSIDÉRATION UN SEUL
« INSTANT. Si le gouvernement chinois la
« prenait à son compte, nous y verrions
« un reniement formel du traité de Tien-
« Tsin et un acte offensant. Dites-le bien
« à M. Hart. Dites-lui surtout *qu'il faut*
« *finir vite ou se battre.*

« Signé : Jules FERRY. »

Le 5 août, M. Ferry télégraphie de nouveau à M. Patenôtre : « Je déclare, lui dit-il,
que nous accepterions 80 millions en dix
versement annuels, *si cette offre n'était*
accompagnée d'une proposition inadmissible
relative au tribut annamite. »

Est-il besoin d'autres documents pour
faire la lumière complète sur ce sujet ? Les
responsabilités de M. Ferry sont irréfuta-

blement démontrées : c'est à son entêtement stupide que sont dus tous nos désastres. Il a tout sacrifié à cette erreur ridicule qui consistait à voir un droit politique de la Chine là où il ne fallait voir, au dire de toutes les autorités compétentes, *qu'une simple formalité*. L'Angleterre l'a bien reconnu ce droit ! En est-elle moins puissante en Birmanie ? Tout au contraire : elle y gouverne, elle y règne, et la Chine est son alliée. Quant à nous, nous éprouvons tous les jours, encore maintenant, que la Chine surveille attentivement nos établissements au Tonkin, et il est hors de doute que son activité n'a pas d'autre mobile que de nous susciter des difficultés. LA CHINE NOUS COMBAT AU TONKIN : TOUS NOS RÉSIDENTS LE SAVENT BIEN ; TOUS NOS CHEFS DE CORPS LE SAVENT MIEUX ENCORE.

Nous n'avons pas encore achevé d'expier les fautes de M. Ferry.

. . . .

. . . .

Cette lamentable histoire pourrait se terminer là, car il me semble que ma démonstration est complète. Mais il me faut dire quelle a été la suite de ces événements jusqu'en avril 1885. Nous allons voir avec quelle légèreté les intérêts et l'honneur de la France ont été sacrifiés.

IV

La diplomatie française humiliée.
M. Ferry et les neutres.
Le rôle de M. de Bismarck.

Les négociations pour la paix avec la Chine. — Les absurdités de M. Ferry. — Sollicitations à M. de Bismarck. — A Londres et à Berlin.

Du mois d'août 1884 au mois de mars 1885, M. Jules Ferry, président du conseil et ministre des affaires étrangères, a trompé le Parlement et le pays.

S'il avait eu la conscience de dire dès la rentrée des Chambres, au mois d'octobre 1885, quelles difficultés menaçantes il avait à résoudre pour obtenir la paix avec la Chine; s'il avait dit que cette paix ne dépendait que de la rédaction de ces deux articles qui devaient si heureusement, à

quelque temps de là, assurer à l'Angleterre
la conquête de la Birmanie, il n'est pas à
supposer que la Chambre eût hésité à accorder à la Chine les satisfactions théoriques
quelle désirait obtenir.

Mais la Chambre, pas plus que M. Patenôtre, notre ministre en Chine, ne purent
avoir connaissance des projets réels de
M. Ferry. Il existe un télégramme de M. Patenôtre dans lequel il dit *que la politique de
la France est une énigme*. Que dites-vous
de ce mot? Je crois qu'une semblable situation est absolument inédite. Un fonctionnaire
diplomatique ne parvenant pas à comprendre les instructions que lui donne son
chef! C'est un chef inouï, et peut-être unique dans les annales de la diplomatie euro-
péenne.

C'était bien en effet une énigme que cette
politique de M. Ferry. Que voulait-il? La
guerre? Non. Il n'a pas osé la déclarer.

Voulait-il la paix? Non : car il savait que
la Chine n'accepterait jamais les conditions

qu'il prétendait vouloir lui imposer ; il savait
que la Chine ne consentirait jamais à lui
verser une somme d'argent, si minime fût-
elle, *à titre d'indemnité*. M. Ferry était absolument fixé, et par les rapports de ses
agents diplomatiques, et par les déclarations
du gouvernement chinois, sur l'inanité de
ses ambitieuses illusions. Il poursuivait un
but qu'il ne pouvait atteindre, qu'il n'aurait
jamais pu atteindre.

Ainsi ni la guerre, ni la paix. Il avait
adopté une politique de menaces et de représailles. Il bombardait les ports et brûlait
les arsenaux, sans déclaration de guerre, à
la manière des pirates, pour prélever une
rançon qui n'était pas due, *et qu'il n'a pas
obtenue*. Courbet, ce héros de dévouement,
ce patriote adoré de notre marine ; Courbet,
que la destinée avait dû réserver pour de
plus nobles combats, a joué le rôle d'exécu-
teur des volontés de M. Ferry ! Qu'on re-
lise les lettres de l'amiral ; qu'on interroge
ses lieutenants, et chacun gardera la con-

viction que l'amiral est mort de douleur, inutilement sacrifié aux intérêts d'un parti... Veut-on une preuve de cette vérité ? Il en existe une constatée officiellement, qui, si elle avait été connue en son temps, eût sans doute provoqué des mesures immédiates, sinon de la Chambre, esclave des caprices de M. Ferry, du moins de l'opinion.

Notre ministre en Chine adresse au Gouvernement français, à la date du 13 septembre 1884, cette concluante dépêche :

« LA CHINE FAIT, SOUS PAVILLON NEUTRE, DE NOMBREUX ENVOIS DE TROUPES ET DE MUNITIONS. »

M. Ferry, qui s'est bien gardé de communiquer cette dépêche, savait donc le 13 septembre 1884, *que les Anglais et les Allemands transportaient à leur bord, sous la protection de leur pavillon, les troupes chinoises qui allaient renforcer au Tonkin les pavillons Noirs, pour combattre nos soldats.* Ce fait seul, dans ce pays libre où vit le sentiment de l'honneur national, eût constitué un crime de lèse-patrie.

Pourquoi, le 13 septembre, au reçu de cette dépêche, M. Ferry n'a-t-il pas enfin déclaré la guerre? C'était son devoir immédiat! *La Chine ne possédait pas de transports ;* elle n'aurait pas pu soutenir la lutte ; elle se fut résignée à se croire moins autorisée à imposer ses conditions, quelles que fussent d'ailleurs leur légitimité ; elle aurait cédé! Mais la Chine avait les neutres pour seconder ses efforts ; mais elle faisait transporter ses troupes et ses munitions par les Anglais et les Allemands *qui les lui fournissaient ;* alors elle s'estimait puissante, et elle maintenait sa résistance...

Que penser de cette action de M. Ferry? Quelle apparence de raison ou d'excuse lui donner? Je ne lui connais pas d'autre explication que celle-ci ; M. Ferry n'a pas voulu déclarer la guerre, *parce que les neutres, Anglais et Allemands, ne l'ont pas voulu eux-mêmes.*

Si quelqu'un trouve une autre explication, je l'admettrai.

En attendant qu'elle se produise, en attendant que M. Ferry se disculpe, je déclare que sa conduite est une conduite criminelle qui le couvre d'infamie.

Ainsi pendant toute cette période qui s'étend de septembre 1884 à février 1885, les neutres ont continué à transporter au Tonkin hommes et munitions !

C'est grâce au concours des neutres que les forces ennemies, amenées sur le théâtre des hostilités, ont pu atteindre ces effectifs redoutables qui ont rendu nécessaires et tous les crédits que les Chambres ont follement accordés et tous ces envois de troupes sans cesse renouvelés et toujours insuffisants !

C'est grâce au concours des neutres enfin que nous avons été réduits à reculer et à perdre Lang-son, dans les tristes circonstances que l'on connaît ! Voilà le crime dans toute sa honte ! Et pas un jour il n'est venu à l'esprit de M. Ferry de se décider à cette déclaration de guerre officielle qui eût empêché le concours des neutres ; pas un jour il n'a osé le faire !... Pourquoi ? Pourquoi ? L'Allemagne ne le voulait pas ! l'Allemagne qui entretenait habilement cette situation pour affaiblir notre puissance militaire, la discréditer et nous compromettre ! C'est le prince de Bismarck qui a fait le jeu.

Veut-on encore une preuve de cette lamentable situation ? Elle est inscrite dans les archives du ministère des affaires étrangères ; elle porte la date du 17 septembre 1884 ; c'est une dépêche de M. Patenôtre, notre ministre en Chine. La voici ;

LE SYSTÈME DE DEMI-MESURE QUI, JUSQU'ICI, A PRÉVALU, EST CRITIQUÉ PAR TOUS. L'ÉTAT DE GUERRE DÉCLARÉE SERAIT CERTAINEMENT PRÉFÉRABLE.

« L'AMIRAL COURBET NE CESSE DE RÉCLAMER CONTRE UNE SITUATION QUI NOUS EST ABSOLUMENT PRÉJUDICIABLE, CAR IL EST IMPUISSANT A ARRÊTER LES TRANSPORTS DE TROUPES ET DE MUNITIONS FAITS, SOUS PAVILLON NEUTRE, PAR LE GOUVERNEMENT CHINOIS. »

Cette dépêche — un témoignage accablant pour M. Jules Ferry ! — est restée lettre morte pour cet homme d'Etat. Il l'a mise aux cartons, où ses successeurs l'ont retrouvée... Elle y est encore.

Mais, dira-t-on, M. Ferry n'a pas cessé de négocier. Il espérait une solution, il... Certes oui, il négociait ! Savez-vous avec qui ? Avec les Allemands, avec les Anglais, c'est-à-dire les *neutres*, qui n'avaient qu'un seul intérêt, *celui de voir se prolonger l'état de guerre au Tonkin !* Si M. Ferry a commis un crime en permettant aux neutres de nous faire *indirectement* la guerre, il a commis la dernière des maladresses en négociant avec ces neutres. Le récit de ces négociations est bien la chose la plus navrante que je connaisse, et je vais le faire, puisqu'il faut que toute la vérité soit dévoilée.

J'étais à Berlin lorsque ces négociations ont eu lieu pendant le mois de septembre 1884. J'ai déjà dit que j'étais le confident des diplomates chinois qui représentaient à Berlin le gouvernement chinois, car il n'y avait plus de légation de Chine à Paris. Les deux pays étaient en pleine rupture. J'étais donc bien placé pour connaître exactement tout ce qui se passait.

Le ministre de Chine Li-Fong-Pao et son secrétaire interprète Tcheng-Ki-Tong, qui était en même temps attaché militaire et dont le nom est devenu célèbre, depuis, dans notre littérature parisienne, avaient l'un et l'autre au même degré le désir de voir régler à l'amiable le différend qui existait entre la France et la Chine. Ils n'en étaient pas moins très attachés à la politique de résistance maintenue par leur gouvernement, et rendue efficace par le concours des neutres. Le marquis Tseng, à Londres, et Li-Fong-Pao à Berlin, négociaient toutes les fournitures d'armes et de munitions qui partaient chaque semaine des ports d'Angleterre et d'Allemagne. J'étais tenu chaque jour au courant de ces marchés.

Le prince de Bismarck était, par l'inter-

médiaire du comte de Hatzfeldt, en relations
suivies avec la légation de Chine. Il n'avait
garde de ne pas prendre au sérieux une
expédition qui correspondait si exactement
aux manœuvres de son habileté diplomatique, qui consiste surtout à affaiblir les
adversaires de sa toute-puissance. De même
qu'il avait approuvé l'expédition de Tunisie
qu'il comptait bien exploiter pour exciter
les rancunes de l'Italie quand le moment
viendrait, il avait approuvé l'expédition française du Tonkin, qu'il n'a pas peu contribué
à rendre ce qu'elle est devenue, une opération désastreuse pour les intérêts français.
M. de Bismarck a toujours été un partisan
convaincu de la politique coloniale des
autres.

C'est au mois de septembre de cette fatale année 1884 qu'il eut l'idée, poussé par
un sentiment de bienveillante sympathie
envers notre gouvernement, d'interposer
ses bons offices entre la France et la Chine
afin d'obtenir la conclusion d'un arrange-

ment entre les deux nations. Il fit donc pré-
venir le ministre de Chine qu'il était disposé à intervenir si la demande lui en était
faite. Li-Fong-Pao prit les instructions de
son gouvernement, et, les ayant obtenues
favorables, il se rendit chez le comte de
Hatzfeldt le 12 septembre 1884. Le diplomate
chinois demanda ce jour-là la médiation
diplomatique de l'Allemagne entre la France
et la Chine.

Le prince de Bismarck fit part aussitôt
de cette situation à l'ambassadeur de France
le baron de Courcel, dans une entrevue
qu'il eut avec notre représentant à Berlin,
le 14 septembre. Le prince lui exposa que
la Chine était disposée à consacrer les sti-
pulations du traité de Tien-Tsin, et à reprendre les pourparlers en vue d'arriver à
un arrangement.

Le baron de Courcel prévint le même jour
M. Ferry, qui, le lendemain télégraphiait à
notre ambassadeur « qu'il n'y avait aucun
inconvénient, à son avis, à ce qu'il reçût

le ministre de Chine, ni même à ce qu'il le reçut chez un tiers ».

L'entrevue eut lieu en effet chez M. de Hatzfeldt le 18 septembre. Elle n'aboutit, naturellement, à aucun résultat, et il était facile de le prévoir. L'entrevue n'avait pas d'autre but que de maintenir le différend, en lui ajoutant ce caractère aggravant, que la Chine se sentait, de ce jour, *approuvée par le gouvernement allemand dans les revendications de sa politique*. Bien mieux, après que le ministre de Chine eût déclaré à M. de Courcel que son gouvernement ne pouvait pas accepter l'interprétation que persistait à vouloir donner au mot « indemnité » M. Jules Ferry, il ajouta les avertissements qu'on va lire (et ici je cède la parole à M. de Courcel lui-même):

« Le Ministre de Chine, a écrit notre am-
« bassadeur, m'a prémuni contre le danger
« d'inspirer à la nation chinoise, *pour bien*
« *des années à venir*, des sentiments d'ani-
« mosité. Il admet qu'il serait possible

« d'obtenir que l'empereur de Chine sanc-
« tionnât par un décret le traité de Tien-Tsin
« ÉTANT BIEN ENTENDU QUE LA CHINE N'ÉLÈVE-
« RAIT PAS DE DIFFICULTÉ SUR LA QUESTION DES
« FRONTIÈRES ET NE RÉCLAMERAIT AUCUNE ESPÈCE
« DE SUZERAINETÉ, MÊME PUREMENT RELIGIEUSE
« OU MORALE, SUR LE TONKIN OU L'ANNAM. »

En recevant pareille communication,
M. Ferry aurait dû comprendre enfin... car
c'était le même sujet qui revenait sans cesse
sur le tapis, ce sujet du tribut annamite
qui constituait la seule et unique cause du
conflit. M. de Bismarck le savait si bien qu'il
avait promis aux négociateurs chinois qu'il
leur ferait obtenir la reconnaissance de ce
tribut. Le malin compère savait bien ce
qu'il faisait ! Il voulait aboutir à un échec
de la France : son succès a été complet.

Restait l'Angleterre. Battu à Berlin,
M. Ferry s'imagina qu'il serait vainqueur
à Londres, où notre diplomatie était repré-
sentée, et l'est encore, par Son Excellence
M. Waddington.

Quiconque a suivi avec quelque attention les développements qui précèdent, doit être convaincu qu'au mois d'octobre 1884 M. Ferry avait le droit de se croire exactement renseigné sur les intentions de la Chine. Le gouvernement chinois avait déclaré, à plusieurs reprises, qu'il ne ferait aucune concession ; Li-Fong-Pao avait nettement spécifié l'état de la question à résoudre ; enfin le vice-roi Li-Hung-Chang avait lui-même, le 9 octobre, fait, en personne, à notre consul, la déclaration suivante : « Une guerre, quelque heureuse qu'en soit l'issue, aura pour effet de faire prendre en haine le nom français, *haine qui pourrait devenir funeste à la colonie que la France veut fonder aux portes de la Chine.* » Il n'y avait donc pas moyen d'être plus complètement informé.

Cependant M. Ferry ne comprenait pas encore. Il avait besoin de l'opinion et des bons offices des Anglais ! Ils étaient en effet dignes d'être consultés, eux qui, en qualité de neutres, transportaient les troupes chinoises au Tonkin, et qui avaient trouvé moyen, tout en faisant ce trafic, *de défendre l'entrée de leurs ports à nos navires de guerre !* Ils aidaient les Chinois à nous combattre, et ils nous empêchaient de nous ravitailler et de faire du charbon ! Evidemment les bons offices de ces braves gens devaient être précieux. C'est ce que nous allons voir.

Donc M. Waddington négocie avec lord Granville, et lui demande d'aider M. Ferry à sortir de difficulté. Lord Granville y consent, et le 21 octobre il est déjà en mesure d'annoncer à notre ambassadeur cette bonne nouvelle : « J'ai télégraphié à notre ministre à Pékin, lui dit-il, pour le prier de sonder les dispositions de la Chine. »

Tout heureux, M. Waddington a télégraphié à M. Ferry la dépêche suivante (elle est au *Livre jaune)* :

« Lord Granville m'appellera dès qu'il aura reçu une réponse. L'affaire est en bonne voie du côté de l'Angleterre : *il reste à connaître les dispositions de la Chine.* »

Cela est écrit : « Il reste à connaître les dispositions de la Chine ! » Avouons tout de même que c'est trop fort ! Comment ! ils ne les connaissaient pas encore ? Ils en sont encore à quêter les renseignements ! De quel nom qualifier cette diplomatie dont tous les actes, dont tous les mots, dont toutes les situations seraient à mettre dans un vaudeville, s'il ne s'agissait en réalité du plus poignant des drames ? car, pendant que ces fantoches traitaient aussi légèrement les affaires de la France, nos soldats mouraient au Tonkin, engagés dans des combats interminables, contre des troupes sans cesse renouvelées, et armées et dirigées par les mêmes gouvernements qui offraient leurs bons offices !

Ces négociations avec le cabinet anglais ont duré jusqu'au mois de janvier 1885. M. Ferry a cru jusqu'à cette date à l'efficacité de la médiation anglaise. « Informez-

vous des dispositions de lord Granville »,
écrit-il à M. Waddington le 4 novembre 1884.
Et M. Waddington s'informe : il a conférence sur conférence ; il tient lord Granville au courant de toutes nos angoisses ;
il lui montre notre désir d'en finir... Ah !
la Chine n'avait pas besoin de se renseigner,
elle ! Elle savait qu'elle pouvait amuser
notre diplomatie, et de fait, jamais diplomatie n'a été bafouée comme l'a été la
nôtre.

Enfin, le 12 novembre, lord Granville
fait appeler M. Waddington et il lui annonce
qu'il va recevoir une proposition du gouvernement chinois. Il ajoute ces paroles
rassurantes : « J'espère que cette fois, c'est
la paix. » Le gouvernement français, pré-
venu, attend avec patience... *jusqu'au*
29 *décembre !* Et voici quelle fut la proposition communiquée par lord Granville :

La Chine consent à ratifier le traité de
mai, avec l'adjonction d'un article addition-
nel qui stipulerait :

1° Que le traité serait écrit en trois langues : le français, le chinois *et une autre dont le texte ferait foi en cas de discussion;*

2° Que, conformément aux dispositions du traité de mai, qui déclarent que les conventions entre la France et l'Annam ne contiendront rien qui soit contraire *à l'honneur et à la dignité de la Chine*, la France ne s'opposera pas à ce que l'Annam continue à payer, comme de coutume, son tribut à la Chine, si le roi d'Annam le désire. »

Voilà le résultat des bons offices de l'Angleterre ! Et il a fallu trois mois de conférences pour en arriver là !

J'avais voulu démontrer que la question seule du tribut était la cause de toutes ces misérables difficultés : la démonstration est-elle complète ?

S'est-on assez moqué de nos ambassadeurs à Berlin, à Londres et à Pékin ? Qu'avons-nous obtenu ? Rien, que des humiliations. La Chine n'a pas fait une seule concession; elle est demeurée inébranlable, et elle a mis les rieurs, c'est-à-dire les rieurs, de son côté.

Et les Chambres françaises continuaient toujours d'accorder des crédits et la confiance du pays au chef du gouvernement, à M. Ferry !

V

Les négociations de la paix à Berlin.
Le rôle de M. de Mondion.
La raison de ces révélations.

Pourquoi M. de Mondion a fait ces révélations. — Le récit de ce qu'il a fait à Berlin. — M. Ferry averti des concentrations chinoises. — Il ne veut rien entendre. — Sa responsabilité dans le désastre de Lang-Son.

J'ai été accusé par un magistrat plus avide de scandale que de justice de n'avoir vécu que *d'intrigues*. Dès le premier jour où M. Quesnay de Beaurepaire formula contre moi cette fantaisiste allégation, je protestai, j'usai de mon droit de réponse, je déclarai que, loin d'avoir « intrigué », au sens avilissant de ce mot, j'avais rendu des services à mon pays. J'ai affirmé depuis que je dirais quels ont été ces derniers services. J'exécute aujourd'hui ma promesse, en expliquant quel a été mon rôle à Berlin, dans les négociations préliminaires au traité de paix qui intervinrent entre la France et la Chine. Je ne crois pas mieux faire que de reproduire ici des extraits du rapport que je rédigeai, à la demande de l'ambassadeur de France, « sur les origines du traité de paix conclu entre la France et la Chine ». Ce rapport a été communiqué au gouvernement.

« Le 17 février 1885, je me trouvais à la Légation de Chine à Berlin, dans le cabinet du colonel Tcheng-Ki-Tong, où je me rendais chaque jour.

Le sujet de nos conversations était naturellement la guerre du Tonkin. Nous suivions avec une égale inquiétude, lui, les défaites de ses compatriotes, et moi, les victoires nos de soldats. Nous étions, en effet, inquiets de l'avenir, en présence de cette lutte interminable que les Chinois rendaient peu à peu redoutable par le nombre de leurs troupes sans cesse renouvelées et par

l'obstination de la résistance. La politique
de « résistance quand même » était devenue nationale; car elle avait pris sa source
dans un mouvement patriotique qui, de la
cour de Pékin, avait gagné les provinces.

Cependant, à mesure que les événements
se précipitaient, la conclusion de la paix deve-
nait de moins en moins probable. La Chine
était battue, humiliée; ses troupes, vaincues
dans toutes les rencontres, évacuaient Lang-
son, que nos soldats occupaient le 13 février, pour de là se porter en avant et
menacer les frontières de la Chine. Il sem-
blait que ces victoires dussent être défini-
tives et décisives, hâter l'ouverture des
négociations. On le croyait à Paris; on l'espérait du moins. Mais il n'en était rien. La
politique de résistance obstinée maintenait
toutes ses prétentions.

Le gouvernement français pensait vaincre
la Chine et la convaincre. De son côté, la
cour de Pékin décidait de ne pas céder; et,
en fait, elle n'aurait jamais cédé.

Un décret avait été rendu qui menaçait de la peine capitale tout fonctionnaire chinois qui aurait proposé la paix aux conditions imposées par le gouvernement français, c'est-à-dire *en acceptant le principe de l'indemnité de guerre*. Or, après la prise de Lang-son, à la date du 17 février, le gouvernement français réclamait cette indemnité, et en faisait une condition *sine quâ non* de la conclusion de la paix. « On ne connaît pas la Chine, ni notre système de gouvernement, me disait Tcheng-Ki-Tong, si l'on peut s'imaginer que des faits de guerre auront une influence sur les décisions du Tsong-li-Yamen. Personne ne peut prononcer le mot « indemnité » en présence de l'impératrice. Celui qui aurait cette témérité ne sortirait pas vivant du palais impérial. Vaincus jusque sous les murs de sa capitale, la dynastie abandonnerait Pékin aux vainqueurs ; mais elle ne céderait pas sur la question de l'indemnité : c'est théoriquement impossible. »

Lorsque Tcheng-Ki-Tong me tenait ce langage, il était éclairé sur les dispositions du
gouvernement français. Il avait reçu de
Paris, quelques jours auparavant, par l'intermédiaire de M. R..., député, un projet
de traité qui était l'expression définitive des
conditions extrêmes auxquelles la paix pourrait être conclue. Aux termes de ce traité,
la Chine devait payer une *indemnité* de
guerre (le mot était conservé, mais avec
cette restriction, considérée comme une faveur par le gouvernement français, que le
chiffre de l'indemnité serait fixé par une
nation amie. Malgré le sens modéré de cette
combinaison, elle ne pouvait pas aboutir :
le traité n'était pas « présentable au trône »,
et, de fait, *aucune communication officielle
n'en fut faite à Pékin*.

Cependant la tentative faite par le cabinet
Ferry de renouer avec la Chine des négociations, tentative qui avait été déjà essayée
une première fois deux mois auparavant,
par l'intermédiaire du commandant Dupont,

aide de camp de l'amiral Peyron, avaient vivement impressionné Tcheng-Ki-Tong. Il comprenait que le moment était très favorable, mais qu'il ne fallait pas perdre de temps. Il me disait avec une conviction réelle : « Si les troupes françaises entrent en Chine, si la campagne continue, ce sera fini : personne ne voudra plus accepter la paix, en supposant même qu'elle fût présentable... » Et il ajouta : « *Si M. Jules Ferry et Li-Hung-Chang étaient aux deux extrémités d'un fil télégraphique, avant trois jours la paix serait faite.* »

En rentrant chez moi comme je notais les divers incidents de la journée, il me vint la pensée que, si je pouvais faire connaître à une personne officielle la conversation que j'avais eue avec Tcheng-Ki-Tong, il pourrait peut-être en résulter une conséquence heureuse. En somme, me disais-je, c'est une simple formalité diplomatique qu'il faut tourner : le problème n'est pas insoluble.

J'eus un instant l'idée d'aller à Paris et de demander une audience à M. Ferry.

Mais j'abandonnai ce projet, et je résolus d'aller trouver le lendemain un de mes amis, M. le capitaine Colard, second attaché militaire à l'ambassade de France, et de lui exposer la situation. Je revis le soir même Tcheng-Ki-Tong et lui dis : « *Si le Gouvernement français abandonnait le principe de l'indemnité de guerre en apparence, c'est-à-dire si on remplaçait le mot et la chose par un avantage quelconque, à déterminer d'un commun accord, qui constituerait pour la France une condition équivalente, un traité de commerce, par exemple — de manière à sauver la face — pourriez-vous télégraphier à votre Gouvernement ?* » Tcheng-Ki-Tong, très intrigué et en même temps très frappé de ma question, répondit aussitôt affirmativement. « Me permettez-vous, ajoutai-je, de prendre l'affaire à cœur et de la mener à bonne fin ? Nous pouvons peut-être conclure la paix à nous deux... » — « Mais, je vous

en prie, me dit Tcheng-Ki-Tong : seulement *faites vite !* »

M. le capitaine Colard ne crut pas pouvoir, par raisons de convenances, me présenter à M. l'Ambassadeur de France. Il me
conduisit, après avoir entendu mes explica-
tions, chez son chef, M. le commandant de
Sancy, qui comprit la gravité de la communication. Par ses soins, M. le baron de Courcel fut immédiatement informé de ce qui se
passait. Ces visites occupèrent toute la journée du 18 février.

Le 19, je reçus dans l'après-midi la visite
de M. de Sancy, qui venait me soumettre
le rapport qu'il avait écrit et qui devait par-
tir le lendemain.

Le 20, départ du courrier.

Le 21 se passe sans incidents : je ne vois
personne. Le dimanche 22, je reçois la visite de Tcheng-Ki-Tong. Il est très intrigué de
mon silence et vient me supplier de lui dire
si mes démarches ont quelques chances de
succès. Il témoignait d'une impatience et

d'une inquiétude qui me démontrèrent l'importance et la gravité de l'action que j'avais entreprise. Cependant je n'avais encore rien d'officiel à lui dire : le commandant, que j'avais vu un instant le matin, ne m'avait rien annoncé de positif et m'avait remis au lendemain. Etait-ce un refus du gouvernement que j'allais apprendre ? était-ce au contraire une adhésion à mon projet ? Je n'étais pas en mesure de me prononcer : je fis donc patienter Tcheng-Ki-Tong.

Le 22, lundi, j'allai chez le commandant à dix heures du matin; il me promit une réponse pour deux heures.

Je revins à deux heures et j'appris que le gouvernement français *était disposé à abandonner le principe de l'indemnité, mais à la condition expresse que le traité de commerce créerait à la France des privilèges spéciaux et que les familles des victimes de Bac-Lé seraient indemnisées.* En ce moment je crus la paix faite, car *je savais* que la Chine accepterait toutes ces conditions. Il fut décidé séance tenante que le commandant et Tcheng-Ki-Tong auraient une entrevue, et, pour raisons de convenances diplomatiques, on convint que cette entrevue aurait lieu le lendemain 24, à deux heures, chez l'attaché militaire de Suède, hôtel du Kronprinz. Je fus seulement chargé de porter le message au colonel Tcheng-Ki-Tong. Je me rendis donc à la légation de Chine : il était quatre heures ; on m'attendait avec une impatience fébrile... « Eh bien ! je crois que c'est fait, dis-je. Aussitôt Tcheng-Ki-Tong court chez le ministre et rentre quelques instants après, accompagnant Li-Fong-Pao, auquel il me prie de raconter tout ce que je venais de faire. J'expliquai le résultat de mes démarches et l'espoir que j'entretenais en faveur de la paix.

Li-Fong-Pao n'était plus ministre de Chine à cette époque ; mais, quoique son successeur fût déjà arrivé à Berlin et que la remise des services eût été faite, Li-Fong-Pao avait conservé un rôle actif dans la conduite des affaires politiques, et son autorité était très respectée à Pékin. L'ancien ministre de Chine me félicita chaleureusement et me remercia de l'intérêt que je prenais à la cause de la paix.

Ah! cette entrevue du lendemain, avec quelle inquiétude on en attendit le résultat! et combien cher la Chine eût payé l'espoir que je fis luire en ce moment! Que n'eût-elle pas donné pour se rencontrer avec un négociateur français! Je parus à leurs yeux comme un sauveur; on me fit mille protestations de dévouement et de reconnaissance... Je livrai alors le nom fatidique de l'attaché militaire.

Le lendemain à deux heures eut lieu l'entrevue entre le commandant de Sancy et le colonel Tcheng-Ki-Tong.

Je passai la matinée à la légation de Chine, et m'y retrouvai à quatre heures et demie, au moment où Tcheng-Ki-Tong rentrait. Ses impressions étaient *favorables;* mais il n'y avait encore rien de défini dans son esprit. Il ne voyait pas la dépêche à envoyer à Pékin, but de mes efforts. Cependant il avait espoir.

Les pourparlers continuèrent. Le 25, le colonel Tcheng-Ki-Tong se rendit chez le commandant de Sancy ; le 26, le commandant fait une visite à Tcheng-Ki-Tong à son domicile privé, et précise les points importants de la situation. J'étais à la légation, après cette dernière entrevue des *négociateurs autorisés :* c'est alors que je décidai Tcheng-Ki-Tong à envoyer une dépêche. J'avais prié M. de Sancy d'insister dans ce sens, et il l'avait fait. La dépêche fut rédigée sous mes yeux. Elle était ainsi conçue : « J'apprends de source certaine que le gouvernement français serait disposé à ne pas réclamer d'indemnité. Un traité de commerce avec dispositions particulières remplacerait l'indemnité. J'attends des instructions. »

Li-Fong-Pao était présent. Au moment d'expédier la dépêche, qui venait d'être chiffrée, les ministres me demandèrent encore avec une insistance décisive si je pouvais affirmer absolument que c'était bien l'intention exacte du gouvernement français de renoncer au principe de l'indemnité. Ce résultat était tellement inespéré qu'il avait encore contre sa réalisation toutes les défiances du ministre. J'affirmai le fait comme étant vrai.

Le ministre de Chine Hsu signa la dépêche, et elle partit pour Pékin ; une dépêche semblable fut envoyée à Li-Hung-Chang à Tien-Tsin.

Les faits qui précèdent démontrent donc avec une conviction parfaite que la question de la conclusion de la paix ne dépendait que de l'interprétation à donner au mot *indemnité;* que les Chinois étaient prêts à consentir à tous les sacrifices pour avoir la paix, pourvu qu'on leur facilitât le moyen de faire une proposition au trône ; et, de fait, ce jour-là, 26 février, les ministres Li-Fong-Pao et Hsu, qui étaient en communication constante avec Pékin, et qui connaissaient la situation exactement au jour le jour, *apprenaient pour la première fois la seule combinaison d'où pouvait sortir la paix.*

Jusqu'alors le gouvernement français avait maintenu le mot « indemnité », qui rendait toute négociation « impraticable ». C'était donc à la suite de mes démarches, de mes sollicitations, après l'assurance donnée, de la part de M. l'ambassadeur de France, par M. de Sancy, que le mot « indemnité » ne serait pas prononcé, que ce résultat était obtenu.

L'origine mathématique de la paix est la dépêche du **26** *février.* La veille, c'était la guerre d'extermination, une guerre à outrance, une résistance obstinée ; le lendemain, c'était l'espérance de la paix. Ce sont de réelles négociations qui commencent ; les deux gouvernements se parlent : Paris et Pékin sont en communication diplomatique... J'avais donc résolu le problème que je m'étais posé.

Les deux ministres Li-Fong-Pao et Hsu s'accordent à dire le 26 février que la situation est sauvée. Quant à Tcheng-Ki-Tong, il me déclare qu'il n'oubliera jamais le service que je viens de rendre à son pays. Il m'en a donné l'attestation dans une lettre que je reproduirai demain. Je suppose que je n'aurais pas fait les démarches que je viens de raconter, il est facile de se rendre compte des conséquences. Comme je l'expliquerai, *la mission Campbell n'eût pas existé ;* et, après la retraite de Lang-son, le protocole du 4 avril n'eût pas été signé ; aucune négociation même n'eût existé. La guerre eût donc continué ; les sacrifices de la France eussent été accrus, *sans espoir d'en obtenir plus d'avantages.*

C'est la dépêche du 26 février qui est le point de départ de toute l'action diplomatique engagée, et qui a eu son dénouement pratique et *tout préparé,* d'abord le 4 avril à Paris et plus tard à Tien-Tsin, le 9 juin.

Les conditions de la paix ont été faites à

Berlin ; elles ont été écrites sous la dictée même de M. l'Ambassadeur de France, et j'ai eu l'honneur d'être intermédiaire de toutes ces négociations. Cette assertion est claire comme un fait. Le *traité de commerce* qui a permis de vaincre les difficultés inhérentes à l'indemnité, et finalement d'arriver à la rédaction d'un projet de traité également acceptable par la France et par la Chine, a été *inventé* à Berlin.

Je reprends la suite des événements.

Le 1er mars, les dépêches de l'*Agence Havas* annoncent que les dignitaires du Céleste-Empire se sont réunis, par ordre de l'empereur en grand Conseil à Pékin, et que la question de l'opportunité de la paix ou de la continuation de la guerre a été mise à l'ordre du jour. Le conseil a nommé un rapporteur. Ce jour même, la légation de Chine reçoit une dépêche que *je suis chargé d'aller communiquer officiellement à M. de Sancy.* Cette dépêche recommande de *maintenir les pourparlers entamés* et

annonce des *instructions ultérieures*. Que s'est-il passé alors, à ce moment même, du 1ᵉʳ au 3 mars ?

Le 3 mars, Tcheng-Ki-Tong, me dit avoir reçu ce jour une dépêche chiffrée de Tien-Tsin, d'un de ses amis. Cette dépêche le prévient, me dit-il, que les négociations pour la paix se poursuivent à Pékin *sur les bases annoncées par le télégramme du 26 février*; c'est-à-dire qu'à cette date au dire de Tcheng-Ki-Tong, le gouvernement français aurait déjà fait savoir à Pékin qu'il était disposé à abandonner l'indemnité, en vue d'arriver à la conclusion de la paix et qu'il existait un négociateur. Cette assertion était fausse, le Livre jaune le constate.

Comment, en fait, les ministres Li-Fong-Pao et Hsu auraient-ils ignoré que cette négociation avait lieu à Pékin si on le savait à Tien-Tsin ! Pourquoi le Tsong-Li-Yamen aurait-il répondu, le 1ᵉʳ mars, de maintenir les négociations engagées et d'attendre ses instructions, si à Pékin les négociations étaient déjà engagées? Pourquoi cette réunion du grand Conseil ordonnée subitement, *le lendemain de la réception de la dépêche de Berlin?* et pourquoi la question de la paix est-elle mise à l'ordre du jour, quand jusqu'à ce jour c'est la guerre qui passionne tous les esprits? Il y avait là des contradictions flagrantes, évidentes, dont je ne tardai pas à découvrir les ressorts cachés.

A quelques jours de là, Tcheng-Ki-Tong m'apprit qu'un nommé Campbell, de Londres, négociait avec M. Ferry.

M. Campbell est l'agent de sir Robert Hart. Il était évident que la dépêche du 26 février connue à Tien-tsin des secrétaires de Li-Hung-Chang, avait dû être communiquée aussitôt à M. Hart, ou bien que sir Robert Hart en avait eu connaissance à Pékin même, *où il se trouvait.* Les journaux, *le Temps* entre autres, ont appris plus tard au mois d'avril que *M. Campbell avait reçu une dépêche de sir Robert Hart dans les pre-*

miers jours de mars. Ce fait est significatif. Sir Robert a compris qu'il tenait la clef de la situation, et il l'a mise dans sa poche, pour s'en servir en temps opportun.

Une conversation que j'eus dans le courant du mois, avec les diplomates chinois me fit connaître la vérité.

J'appris que les troupes chinoises massées à la frontière étaient au nombre de 80,000, et qu'un *coup* se préparait, pour employer l'expression dont on se servait à la légation. Le coup n'était pas d'invention nouvelle, mais il était fort apprécié des Chinois.

Il consistait simplement pour les Chinois à n'entrer en lutte contre nos soldats que lorsqu'ils seraient 10 contre 1 ; en toute autre circonstance, à fuir pour se reformer. Or le moment était venu de tenter le coup, car ils étaient 10 contre 1, plus même !

J'informai notre gouvernement de la gravité de cette situation. *M. Ferry a su, dès les premiers jours de mars, quels étaient en*

*réalité les effectifs des troupes chinoises con-
centrées à la frontière, à une journée de
marche de nos avant-postes.* Il a su que nos
troupes allaient avoir à soutenir le choc
d'une armée dix fois supérieure en nombre...
*Il a eu ce renseignement, et il a su d'où il
venait.* Il ne s'en est pas préoccupé : il a
donné quand même l'ordre de la marche en
avant ! Si cette action ne constitue pas un
crime, je ne sais plus ce que parler veut
dire !

Que l'on rassemble maintenant toutes les
circonstances, et la vérité apparaîtra avec
le caractère indéniable de l'évidence. Cette
dépêche, reçue à Berlin le 1ᵉʳ mars, en
réponse à celle que j'avais fait expédier le
26 février, dépêche qui recommandait de
maintenir les pourparlers engagés, n'était
qu'un piège habile tendu à notre diplomatie.

La Chine avait le moyen de faire la paix,
elle le connaissait, mais elle voulait tem-
poriser encore pour exécuter à son heure
le coup des Anglais et des Allemands...

Voilà pourquoi lord Granville discutait si lentement avec M. Waddington ; voilà pourquoi M. Campbell recevait dans les premiers jours de mars la mission de négocier avec M. Ferry, mission qui n'avait d'autre but que d'occuper ses espérances et de masquer les préparatifs du coup. Il s'est joué là une comédie anglo-chinoise d'une perfidie consommée, que M. Ferry a eu les moyens d'apprécier en temps utile, et qu'il a laissée se dénouer pour la honte de la diplomatie, et au détriment de l'honneur militaire de notre armée. . . . . .

. . . .

Les événements qui se précipitèrent vers la fin du mois de mars ont démontré le bien-fondé de mes informations. La retraite de Lang-son obligea le cabinet démissionnaire à accepter les propositions que M. Campbell était chargé d'accepter aussi, au nom de la Chine, à moins de déclarer la guerre et d'éterniser ce misérable différend. Les propositions de M. Campbell étaient prêtes :

le texte était rédigé ; seulement il ne contenait plus la clause de l'indemnité accordée aux familles des soldats tombés à Bac-Lé, clause admise le 26 février. Le coup des Anglais avait réussi, et tous les ennemis de la France étaient satisfaits !

Cependant, même après le succès de ses armes, la cour de Pékin prit peur, elle craignit que la paix ne fût devenue impossible. A la légation il y eut une véritable panique quand on apprit le vote des Chambres et l'attitude de l'opinion. Tcheng-Ki-Tong me demanda alors si l'ambassadeur de France pouvait reprendre les négociations interrompues après le 1er mars. Je me rendis à l'ambassade, et j'eus l'honneur d'être reçu par le baron de Courcel, qui voulut bien me déclarer qu'il avait les pouvoirs, en sa qualité de « Représentant de la souveraineté de la France », de discuter avec le ministre de Chine, des conditions du traité de paix, et il ajouta que sans doute il serait autorisé à le signer. L'ambassadeur me chargea en outre d'exprimer au ministre de la Chine les vœux qu'il formait en faveur de la paix et la satisfaction qu'il éprouverait personnellement de la voir se réaliser sur les bases qui avaient fait l'objet des précédentes négociations.

Je rapportai immédiatement ces assurances au ministre Hsu, qui m'accorda deux audiences. Le 2 avril, une première dépêche est envoyée à Pékin par le ministre Hsu, pour révéler cette situation et demander des pouvoirs. A mon tour, je leur avais dit : Faites vite ; l'opinion est irritée ! Le 3, une seconde dépêche plus explicative et plus pressante est encore envoyée, et le dimanche 5 avril, à quatre heures de l'après-midi, une dépêche de Pékin arrivait.... : elle annonçait que MM. Billot et Campbell avaient signé, la veille, le 4 avril, le protocole du traité de paix. J'allai le soir même à l'ambassade porter cette nouvelle.

. . . .

VI

Le rôle des agents anglais MM. Hart et Campbell.
Le rôle de M. de Mondion.

Une lettre du colonel Tcheng-Ki-Tong. — Le désastre de Lang-son eût pu être évité. — La vérité sur l'intervention des Anglais. — Aux électeurs !

Le récit que j'ai fait du rôle qui me revient dans les négociations qui ont précédé la conclusion de la paix entre la France et la Chine constitue la première partie de ma défense, en réponse aux calomnies de M. Quesnay de Beaurepaire.

J'ai eu l'honneur de recevoir à Berlin même les félicitations de M. l'ambassadeur de France, qui n'aura pas été peu surpris, je suppose, d'apprendre, en lisant le remarquable réquisitoire de M. le procureur géné-

ral, que je n'avais pas résidé à Berlin et
que je n'étais qu'un vulgaire intrigant.
Quant au général Tcheng-Ki-Tong, dont
la conduite fut ce qu'elle pouvait être dans
ces négociations, il m'exprima, lui aussi, sa
gratitude, et je ne résiste pas à la tentation
de citer une des lettres qu'il m'écrivit quelque temps après ces événements :

« Toutes les citations de mes lettres, me
« dit-il, sont authentiques, et je défie qui
« que ce soit de dire que je varie un ins-
« tant mon sentiment.

« Si Dieu me prête la vie, je deviendrai
« certainement quelqu'un et je ferai quel-
« que chose non pas pour moi seul, mais
« pour l'ami aussi qui m'a rendu des grands
« services.

« Ceci, je vous jure sur tout ce que j'ai de
« plus cher, est la vérité; et c'est ma pen-
« sée qui m'a toujours accompagné, quel
« que soit le lieu où je me trouve.

« Croyez que mon amitié et ma gratitude
« envers vous sont sans bornes et qu'au-

« cune tactique dangereuse ne me séparera
« de vous.

« Signé : TCHENG-KI-TONG. »

Voilà, je crois, un témoignage qui se
passe de commentaires, et M. de Beaurepaire, mon honorable contradicteur, peut
en faire tout à son aise, s'il lui convient.

Il est un point, maintenant, que je tiens à
élucider, non seulement parce qu'il sert à
ma défense, mais parce qu'il établit une
interprétation exacte d'un fait qui a été mal
compris.

Quelques journaux, *le Temps* entre autres,
ont dit aussitôt que parut ma lettre au
Figaro, que j'avais exagéré mon rôle dans
l'incident des négociations de Berlin. On
réédita contre ma déclaration cette fable que
MM. Hart et Campbell avaient seuls négocié
la paix. Je vais faire justice de cette fantaisiste allégation. C'est une question impor-
tante, qui intéresse l'honneur de la France,
car les Anglais se sont prévalus en Chine,

comme d'un succès glorieux pour leur influence, du bienfait qu'ils avaient apporté à la cause de la civilisation en déterminant le gouvernement français à faire la paix.

Sir Robert Hart et M. Campbell ont le renom, en Chine, en Angleterre et en France, d'avoir été les auteurs de la paix. Il importe de détruire cette légende.

C'est la France seule qui a fait la paix, qui seule a voulu la paix, un peu tard il est vrai, mais enfin, le 26 février 1885, c'est la France qui a fait, à mon initiative, et je tiens à ce que ce point soit exactement établi, le premier pas en vue d'un accord définitif. Si mes avis avaient été écoutés, notre armée évitait le désastre de Lang-son et toutes les conséquences qui ont suivi.

La preuve que je vais faire a donc, au point de vue où je me suis placé, une importance de premier ordre.

J'ai dit que c'est le 26 février que la dépêche de la légation de Berlin fut expédiée à Pékin.

Le 28 février, *deux jours après*, sir Robert Hart télégraphie à M. Campbell la dépêche suivante, qui a été communiquée à M. Ferry le 1er mars :

« L'Empereur a autorisé la proposition des articles suivants :

« 1º D'une part, la Chine consent à rati« fier la convention de Tien-Tsin de mai
« 1884, et, d'autre part, la France consent
« à ne rien demander de plus que ce qui
« est stipulé par cette convention ;

« 2º La France convient d'envoyer le
« ministre à Tien-Tsin ou à Pékin, pour
« arranger un traité détaillé. »

Voilà la réponse à la dépêche du 26, à la dépêche dictée par la France. C'est la réponse officielle. Elle constate, à cette date du 28 février, qu'aucune négociation n'était auparavant en instance, puisqu'il y est dit que « la France conviendra d'envoyer le ministre à Tien-Tsin ou à Pékin ».

Il est donc bien démontré que la dépêche du 28 mars dont j'ai parlé était imaginaire et inventée pour enlever à la diplomatie française l'honneur et l'avantage d'avoir posé les premiers préliminaires.

Je défie qu'on me prouve le contraire. Du reste, j'ai de nouvelles preuves à faire valoir.

Peu de temps après la signature du protocole du 4 avril, il parut dans la *République Française*, organe du parti opportuniste, un article dont nous allons comprendre aujourd'hui la *patriotique* inspiration.

« Le gouvernement anglais, dit ce journal, dut intervenir dans le conflit franco-chinois, en exerçant sur la cour de Pékin une pression accusée dans le sens de la solution pacifique que nous réclamions, en poussant vivement M. Robert Hart à conclure avec nous dans cette voie un arrangement pacifique. »

Je n'ai pas le droit de dire que ce soit M. Ferry qui ait rédigé cet article ; mais je constate qu'il a paru dans un journal qui soutenait sa politique, et que M. Ferry ne l'a pas rectifié. Cet article n'a pas eu d'autre but que de faire prendre le change à l'opinion, *qui ne s'expliquait pas l'intervention des Anglais dans cette affaire ; et de leur reconnaître un droit qu'ils avaient usurpé.*

Mes lecteurs peuvent apprécier que l'assertion de la *République française* était de tous points inexacte, et je n'ai pas besoin d'ajouter combien elle était *offensante* pour la dignité de la France.

De fait, aucune puissance n'a pu exercer de pression sur la cour de Pékin ; car celle-ci n'a pas cessé, ainsi que je l'ai montré, de protester contre les causes de la guerre ; elle n'a pas cessé de considérer les propositions inacceptables. Or, avant le 26 février, le ministère présidé par M. Ferry n'avait pas encore abandonné le principe de l'indemnité. Il était donc absolument inadmissible que M. Hart ait pu exercer une pression sur la cour de Pékin.

C'est la France et non l'Angleterre qui a proposé les moyens de faire la paix. Voilà ce qu'il est seulement exact de dire.

On a prétendu aussi que M. Hart avait envoyé son agent, M. Campbell, à Paris, avec des pouvoirs, en vue de négocier directement avec M. Ferry. Cette assertion est encore inexacte. C'est le *Livre Jaune* qui en établit la preuve.

M. Ferry a déclaré lui-même, dans une dépêche officielle datée du 9 mars, « qu'il était en communication avec sir Robert Hart, par l'intermédiaire d'un de ses agents anglais, M. Campbell, *venu à Paris pour l'affaire du bâtiment de la douane chinoise retenu par l'amiral Courbet* ». S'agit-il donc des négociations pour la paix sur les bases formulées dans la dépêche du 26 février? Nullement. M. Campbell n'a pu négocier utilement et avec des pouvoirs spéciaux *qu'après le 1er mars*, c'est-à-dire lorsque M. Hart lui eut fait connaître ma dépêche du 26 février et la solution secrète qui se préparait, dont la seule initiative était due à la France. Voilà la vérité.

Avant le 1er mars, l'agent Campbell ne négociait à Paris *que pour une affaire de bateau.*

Après le 1er mars seulement, il est autorisé à négocier pour la paix.

Avait-il des pouvoirs sanctionnés avant cette date, ce diplomate d'aventure ? Oui, prétendent ceux qui ont un intérêt à ce que cela soit : mais ils ont contre leur affirmation une déclaration officielle de... M. Hart lui-même. Le fait est infiniment curieux à constater.

Le 15 mars, M. Hart envoie de Pékin à M. Campbell cette dépêche :

« J'ai télégraphié à M. Ferry ce qui suit : — Un décret impérial enregistré le 27 février a nommé M. Campbell pour signer le protocole comme commissaire spécial de la Chine. » Est-ce clair ? Qu'on me cite donc une date antérieure au 27 et au 26 février !

L'agent Campbell n'est, encore une fois,

avant.le 27 février, qu'un agent des douanes
chinoises venu à Paris pour affaires particulières ; il ne devient agent diplomatique
qu'après le 27, c'est-à-dire après la réception
de ma dépêche du 26. Et c'est M. Hart lui-
même, l'impresario de cette ridicule comédie, qui se charge de confirmer ma réclamation !...

. . . .

Je m'excuse d'avoir insisté sur ce sujet;
il achève la démonstration que je tenais à
faire. J'ai quelque droit de m'intéresser à
cette question, puisque j'ai pu prouver que
j'avais servi la cause de mon pays.

Il n'a pas dépendu de moi seul que la
paix n'ait été signée avant la fin du mois de
mars, avant les désastreux événements qui
ont amené la chute du ministère Ferry et
l'effondrement du parti opportuniste.

Il dépend maintenant de la nation, assem-
blée dans ses comices électoraux, de déclarer si, oui ou non, elle a gardé le souvenir
de toutes ces hontes et de toutes ces infa-

mies, dont souffre encore cruellement l'honneur de la France.

Il dépend de la volonté de la France de réparer les maux causés à son influence politique en choisissant pour la représenter dans les conseils du gouvernement des hommes intègres, capables, passionnés d'honneur et de patriotisme. Ceux-là seuls sont dignes du suffrage populaire. Les autres, qui ont trafiqué de la France, qui ont considéré la gestion des intérêts de l'Etat comme un commerce, ceux-là ne méritent que le mépris public.

VII

Comment M. Ferry a outragé l'armée.
Ce que coûte le Tonkin.

Atteinte portée à l'honneur de nos généraux. — Le jugement de l'amiral Courbet. — Le bilan du Tonkin.

Il me reste encore un mot à dire.

Comment M. Ferry s'est-il défendu lorsque, dans la séance du 30 mars 1885, il eut
l'audace de s'adresser au pays et de demander la confiance de la Chambre? A-t-il avoué,
a-t-il reconnu franchement qu'il s'était
trompé? A-t-il eu du moins le courage d'accepter la responsabilité du désastre de Lang-
son? Car j'ai établi qu'il savait exactement
quelle était l'importance des troupes chinoises concentrées à la frontière... Il n'avait
pas besoin de prévoir, *il savait*.

Eh bien! voici la déclaration héroïque

qu'il fit à la tribune, et qu'il est bon que toute la France connaisse, afin que cet homme, dont l'incapacité n'a eu d'égale que son cynisme, soit définitivement jugé et condamné.

« Nos généraux, a-t-il dit, se trouvent manifestement en présence de forces organisées dont le nombre et l'importance ont soudain dépassé toutes leurs prévisions. »

Ce qui équivalait à dire : Nos généraux n'ont pas fait leur devoir : ils n'avaient pas éclairé leur marche en avant !

Ainsi il n'a pas suffi à M. Ferry d'entraîner la France dans cette guerre sans gloire et sans issue ; il n'a pas suffi à M. Ferry d'avoir dissipé le trésor de la nation : il attente à l'honneur même de nos officiers généraux ; il discrédite, il outrage l'armée dans la personne d'un de ses chefs les plus justement honorés, le général de Négrier !

Tel a été le dernier acte de M. Ferry ; il tombait du pouvoir quelques instants après avoir prononcé les paroles qu'on vient de lire, soutenu dans sa chute honteuse par 175 de ses amis politiques dont les noms n'ont pas été oubliés, et parmi lesquels l'*Officiel* cite celui de M. Sadi Carnot, aujourd'hui président de la République française.

On se rappelle de quels accents indignés l'éloquence de M. Clémenceau flagella, comme à coup de fouet, le ministre suppliant qui demandait encore des crédits et des renforts pour faire durer sa guerre. « Tout débat est fini entre nous, s'écria M. Clémenceau. Nous ne voulons plus vous entendre, nous ne voulons plus discuter avec vous les grands intérêts de la patrie. Nous ne vous connaissons plus ; nous ne voulons plus vous connaître.

« Ce ne sont plus des ministres que j'ai devant moi ce sont des accusés, oui, des accusés de haute trahison, sur qui, s'il y a un principe de justice en France, la main de la loi s'étendra avant longtemps. »

La Chambre accueillit par des applaudissements ces paroles vengeresses, pendant que M. Ferry riait à son banc.

Le discours de M. Clémenceau me servira de conclusion : il a exprimé le jugement même de l'histoire, et j'ai démontré qu'il ne s'était pas trompé.

Aux arguments que j'ai donnés hier concernant la politique de M. Ferry, politique respectueuse des droits des neutres au détriment des intérêts de la France, je viens ajouter l'opinion même de l'amiral Courbet. Le glorieux commandant de notre escadre l'avait exprimée dans des lettres qui ont été publiées après sa mort desquelles j'extrais le passage suivant, qui confirme pleinement mes appréciations :

« En sortant de la rivière Min, je me plaisais à croire que nous en avions fini avec les subtilités d'avocats, à peine acceptables par une Chambre endormie autour de la tribune, mais hors de mise sur le terrain ; je me figurais que nous allions enfin déclarer la guerre à la Chine et y appliquer les moyens nécessaires : et cependant l'état de « représailles » jouit plus que jamais de la faveur du cabinet.

« A cet état déjà si déplorable, sans perfectionnement, Jupiter-Ferry ajoute chaque jour quelque nouvelle entrave. Le maître de nos maîtres, paraît n'avoir qu'un souci ménager les neutres, ménager la Chine, dussent nos marins et nos soldats s'escrimer en pure perte.

« Il est décidément atteint de cette démence qui précipite la chute des gouvernements par l'abaissement de la dignité nationale. »

Jamais opinion plus juste n'a été mieux exprimée.

Ailleurs il dit, parlant des ministres, et cela six semaines avant la chute de M. Ferry :

« Quels misérables que nos ministres ! quelle bande de complices la majorité de la Chambre leur offre de gaieté de cœur, de propos délibéré, et cela en perspective du prochain scrutin !

« Nous sommes décidément en pleine décadence ! »

A quatre années de date, ce jugement retrouve une actualité saisissante... Il semble que nous venions seulement d'apprendre la douloureuse nouvelle de la mort de l'amiral.

Si M. Ferry avait accepté au mois de février 1883 le traité négocié avec la Chine par notre ministre M. Bourée, traité qui donnait à la France des avantages incontestables, les dépenses de la France auraient été de :

2,487,850 francs.

Si M. Ferry avait accepté au mois de mai 1884 le traité négocié par le commandant Fournier, les dépenses de la France auraient été seulement de :

55,151,724 francs.

Pour avoir voulu poursuivre la politique de représailles qui a conduit la France au désastre de Lang-son et à la conclusion d'un traité qui ne diffère pas de celui négocié par M. Fournier, M. Ferry a fait dépenser à la France une somme totale de

271,399,092 francs.

Ce total comprend les sommes qui *ont été votées* par les Chambres.

Peu de temps après la chute du ministère Ferry, M. Rouvier, ministre des finances, a avoué que la somme réellement dépensée au Tonkin, telle qu'elle devait figurer à l'exercice de 1885, était de

470 millions,

sans y comprendre les dépenses courantes et les dépenses à faire. Ainsi, en 1885, 470,000,000 et 40,000 soldats et marins distraits de la défense nationale.

M. Rouvier a avoué 470 millions, alors qu'il n'avait été voté que 271 millions.

L'écart avait été comblé avec des bons du Trésor.

Or, les ministres n'ont pas avoué toute l'étendue des dépenses faites. Si l'on ajoute à cette somme de 470 millions celles relatives aux exercices des années qui ont suivi, nous arrivons au chiffre de

800 millions.

Si enfin nous faisons entrer en ligne de compte la valeur du matériel de guerre perdu, les pensions militaires, les indemnités accordées, etc., etc., nous dépassons la somme de

1 milliard.

Quant au nombre exact des hommes tués, le saurons-nous jamais?

VIII

Les plans du général de Waldersee.

Résumé de l'œuvre de M. Ferry au Tonkin. — Folie ou crime. — Le trafic de l'honneur et de la fortune de la France.

En résumé : des Fautes, des Crimes, la Trahison.

J'ai démontré que l'œuvre politique entière de M. Ferry n'était qu'une suite non interrompue de fautes d'une telle naïveté qu'il a fallu pour les commettre une volonté préméditée, *en vue d'avantages particuliers qui ne concernaient pas les intérêts politiques de la France.*

Cette conclusion s'impose avec une rigoureuse exactitude. Si M. Ferry n'avait eu que le souci des affaires de l'Etat; s'il avait eu à cœur de protéger réellement notre France contre les adversaires de son influence, dans ces pays d'Extrême-Orient où le prestige du nom français était si grand, il n'eût pas commis les fautes qu'il a laissé commettre. Cela est impossible à admettre.

Il n'est pas admissible qu'un homme que sa situation officielle entoure de tous les conseils les meilleurs, des avis les plus éclairés, qui peut prendre connaissance, quand il le veut, des rapports de nos ambassadeurs, en un mot, *qui peut ne pas se tromper seul*, il n'est pas admissible, dis-je, que cet homme ait commis les fautes qu'il a laissé commettre sous sa responsabilité. Et si, pour soutenir son rôle jusqu'au bout, il lui a fallu intercepter des dépêches, mentir avec l'effronterie qu'on lui connaît, travestir la vérité, dissimuler les faits, c'est-à-dire *prouver qu'il savait exactement qu'il se trompait au point de vue politique,* et qu'il se rendait compte des fautes qu'il commettait ; si, malgré cette expérience qu'il a constamment acquise, qu'il a apprise chaque jour, il n'en a pas moins persisté dans sa politique, il faut conclure qu'il poursuivait un but particulier, et non un but d'intérêt général.

M. Ferry a le choix : c'est un fou ou un malhonnête homme d'Etat. Il ne peut pas échapper au dilemme.

C'est un fou s'il a cru défendre les intérêts de la France, et alors qu'il fasse autour de son nom le silence et l'oubli ! Mais, s'il prétend avoir agi dans la plénitude de ses facultés, c'est un malhonnête homme d'Etat; car, ayant conscience de ses fautes, il a compromis l'honneur et les intérêts de la France. Alors, c'est à nous qu'incombe le devoir de faire autour de son nom le silence et l'oubli.

Une bonne fois pour toutes, que le peuple français se ressaisisse, et qu'on ne dise pas de lui qu'il a les hommes d'Etat qu'il mérite ! La France est honnête, loyale, chevaleresque, désintéressée; elle désire passionnément l'ordre; elle a conscience de son rôle dans le monde. Par quelle singulière inconséquence ceux qui ont la mission de la gouverner commettent-ils précisément les fautes qu'elle pardonne le moins? Ce sentiment de l'honneur qui est notre réserve la plus précieuse aux jours du danger, dites-moi, pouvez-vous assurer qu'il ait inspiré la politique de M. Ferry, cette politique d'abaissement et d'humiliation qui n'a conduit qu'à des désastres?

La loyauté qui est l'apanage des nations civilisées, qui seule conclut les traités définitifs d'amitié et de paix, dites-moi, trouvez-vous qu'elle ait inspiré la conduite de M. Ferry? Le nom de la France a été compromis en Chine, et les traités antérieurs qui lui avaient concédé le droit de passeport ont été déchirés. La France a perdu son prestige. Si la politique de la France avait été loyale, elle eût conservé son prestige.

Telles sont les fautes commises. Elles

sont sans remède, car nos rivaux, les Anglais et les Allemands, les exploitent contre nous avec l'habileté qui distingue leur bonne foi : ils nous ont signalés comme les ennemis de la Chine, qui un jour viendra faire à son tour de la politique coloniale au Tonkin, en Annam, et jusqu'en Cochinchine. Ces prévisions se réalisent déjà, et malheureusement je n'exagère rien : je pourrais fournir des preuves qui attestent que je dis vrai.

Quant aux crimes, quant à ces actions impardonnables qui réclament une sanction, qui ont fait dire à M. Clémenceau « que, s'il y a un principe de justice en France, la main de la Loi s'étendra avant longtemps sur les coupables », j'ai démontré leur existence. Il appartient à la loi de les châtier.

Si M. Ferry avait déclaré la guerre, nos soldats n'auraient pas eu à combattre contre des troupes transportées au Tonkin par les Anglais et les Allemands, armées par eux, instruites par eux, dirigées et commandées

par eux. Si M. Ferry avait fait son devoir,
il n'y aurait pas eu de combats au Tonkin,
la Chine n'aurait pas pu les soutenir. Tous
nos pauvres soldats qui sont morts là-bas
feraient encore partie de notre armée nationale ; Courbet ne serait pas mort, lui que
le désespoir et la honte ont tué, le désespoir d'assister impassible au trafic infâme
des neutres, la honte de voir le drapeau de
la France compromis dans toutes ces lâche-
tés... c'est là la vérité ; il n'y en a pas
d'autre.

*Enfin la trahison ! Elle est manifeste. J'ai
su, pendant que j'étais à Berlin, jour par
jour, durant plus d'une année, tout ce qui se
tramait contre la France au Tonkin. Jour
par jour, j'ai averti le ministre des dangers
qui menaçaient notre corps d'occupation. Il
a su ce que je savais.*

*Il a connu ce plan d'invasion des trois ar-
mées préparé par M. de Waldersee, dont
l'habile conception devait avoir pour conséquence le massacre de nos soldats, plan qui*

n'échoua que grâce à l'héroïsme de la garnison de Tuyan-Quan, sous le commandement de Dominé.

Il a connu exactement quels étaient les effectifs réels des armées chinoises concentrées à la frontière ; il a su que le moment était proche où le coup de 10 contre 1, le coup des Anglais, serait tenté ; il a su toutes ces graves circonstances..., et il n'a pas averti nos généraux : il les a laissés aller au désastre, se réservant ensuite, pour sa défense, d'accuser nos chefs de corps de ne pas s'être suffisamment éclairés !

Voilà les faits que j'ai révélés. J'assume l'entière responsabilité de mon accusation, car je ne suis pas le seul à connaître ce que M. Ferry a su par moi, il existe des témoins qui attesteront que j'ai dit la vérité.

C'est au peuple français maintenant qu'il appartient de conclure : il est juge. Pour moi, si j'ai bien mérité de mon pays en cherchant à lui épargner des maux qui certainement eussent pu être plus graves ; si l'instrument diplomatique du traité de paix n'avait pas été tout préparé après l'affaire de Lang-son; si j'ai pu prouver — et je n'ai fait cette preuve que pour me défendre contre les calomnies de M. de Beaurepaire — que j'ai servi mon pays avec dévouement, une seule récompense me sera agréable : que ceux qui ont trafiqué de la fortune et de l'honneur de la France en portent la peine.

J'en ai fini pour l'instant avec M. Ferry. Je vais présenter maintenant au public français M. de Freycinet, ministre des affaires étrangères, qui s'est rendu célèbre, *aux mêmes titres que M. Ferry*, par les négociations qui nous ont valu le traité de Tién-Tsin du 9 juin et la fameuse mission Cogordan.

Je prouverai pièces en mains, documents officiels en mains, que M. de Freycinet n'a rien à envier aux exploits diplomatiques de M. Ferry.

M. de Freycinet, qui a aujourd'hui l'insigne honneur de commander à l'armée française, n'a fait que suivre les traditions léguées par son prédécesseur.

Lui aussi a fait bon marché des intérêts de la France.

IX

Les aveux faits par M. Ferry lui-même.

L'opposition du général Campenon. — Sa démission. —
La vérité avouée par le président du conseil. — Nouvelles révélations.

En réponse à diverses questions qui me
sont adressées, et dont le plus grand nombre
me parviennent de la circonscription de
M. Ferry, je complète les développements
que j'ai déjà donnés par les considérations
suivantes :

1° le général Campenon, ministre de la
Guerre dans le cabinet Ferry, et le général
de Négrier, étaient opposés à la marche en
avant sur Lang-son. Je trouve la confirma-
tion de ce fait dans une lettre confidentielle
adressée par le général de Négrier au général Campenon. Il y est dit :

« Plus j'étudie la question, et plus je
« trouve sage ce que vous m'avez dit : Bor-
« nez-vous au Delta. »

De l'avis de toutes les autorités militaires,
seules compétentes, la marche sur Lang-son,
*dans ce pays de la mort, où le ravitaillement
est impossible par des sentiers qui circulent
dans de véritables coupe-gorge*, constituait
une faute militaire de la plus haute gravité :

2° C'est M. Ferry qui a imposé la marche
en avant sur Lang-son. En voici la preuve.

Le 11 décembre, le Sénat est appelé à
discuter sur une demande de crédits. Le
maréchal Canrobert prend la parole. Il dit :

« Personne plus que moi n'apprécie la
« valeur de nos soldats et n'applaudit à leurs
« succès ; mais je ne puis pas ne pas dire
« qu'ils ne vont plus en avant. »

M. Ferry répond :

« C'est une erreur. Non seulement notre
« corps expéditionnaire est inexpugnable
« dans ses positions, mais encore il peut

« marcher en avant, ET IL MARCHERA, J'EN

« PRENDS ICI L'ENGAGEMENT. »

3° Pourquoi le général Campenon a donné sa démission de ministre de la Guerre.

Tous les renseignements que j'ai fournis au gouvernement français, je les ai communiqués d'abord au ministre de la Guerre. Ils étaient ensuite transmis au ministre des Affaires étrangères. Le général Campenon connaissait et appréciait à leur réelle valeur les dangers qui menaçaient notre corps expéditionnaire s'il s'engageait dans la région de Lang-son. Il n'a pas voulu accepter la responsabilité des événements qu'il était à même de pressentir : il a préféré se retirer. Sa démission a été donnée quelques jours après la déclaration portée par M. Ferry à la tribune du Sénat, le 11 décembre 1884. Ce jour-là, M. Ferry avait dit : « NOTRE ARMÉE MARCHERA EN AVANT. »

4° Les motifs de la démission de M. le général Campenon ont été *avoués* par M. Ferry lui-même dans la séance du 14 janvier 1885, en réponse à une interpellation de M. Raoul Duval.

M. Ferry fait la déclaration suivante :

« Le général Campenon nous a dit *que la politique que* JE VOULAIS *dépassait ses prévisions ; qu'il n'avait pas dans l'extension des opérations une confiance suffisante.* »

Voilà donc la vérité des faits que j'ai allégués démontrée, avouée par M. Ferry. *C'est lui seul qui a voulu*, c'est lui seul qui a imposé sa volonté, contre l'avis, cent fois exprimé par nos généraux, que la politique qu'il s'obstinait à suivre était une politique désastreuse.

Voilà la responsabilité clairement attestée ; elle ne peut échapper à aucune excuse. M. Ferry a voulu risquer sa fortune ministérielle sur une opération qu'il savait condamnée d'avance. Il a envoyé nos soldats à un désastre certain pour sauver son portefeuille.....

Et si enfin on veut savoir plus exactement quels griefs graves ont obligé le général

Campenon à se séparer de M. Ferry, dont les confidences au sujet de la démission du ministre de la Guerre n'avaient pas été complètement satisfaisantes, qu'on se rappelle la déclaration faite à la Chambre par M. Campenon, redevenu ministre de la Guerre dans le cabinet Brisson : « Toutes « les dépêches que nous recevrons, dit le « ministre, vous seront communiquées FI-« DÈLEMENT, INTÉGRALEMENT. »

Ce dernier trait, que trois cents députés ont souligné de leurs applaudissements, achève ma démonstration. Si j'ai laissé un seul point obscur, qu'on me l'indique : je répondrai.

Dans le chapitre suivant, je continuerai ma campagne, que je n'ai entreprise, je le répète, que pour me défendre contre les calomnies dont j'ai été l'objet.

Je prouverai que le traité de Tien-Tsin a été pour la France un traité illusoire. Je montrerai avec quelle faiblesse, avec quelle naïveté complaisante, M. de Freycinet a laissé compromettre les intérêts de la France.

Puis je conterai l'affaire du *Syndicat de Chine*. Après mes *intrigues*, pour employer l'expression de M. de Beaurepaire, je développerai mes *escroqueries*, autre expression choisie du fameux réquisitoire. Le public appréciera si, dans l'affaire du *Syndicat de Chine* que j'ai apportée au gouvernement, j'ai été le voleur ou le volé. Je publierai des lettres et contrats de MM. Denfert-Rochereau, Tcheng-Ki-Tong et Lecomte, sous-chef adjoint au cabinet de M. de Freycinet.

Je divulguerai ensuite l'affaire Leblanc, dans tous ses détails les plus édifiants, avec noms propres — propres, pour parler français.

Je donnerai, continuant mes révélations, *pour ma défense*, quelques aperçus sur mes services de renseignements.

L'opinion publique sera ainsi à peu près informée, et moi je me serai vengé. La vengeance est exactement le suprême recours des opprimés.

Si mes indiscrétions sont blâmables, qu'on me prouve que M. de Beaurepaire a eu raison d'inventer les infamies qu'il a dites à mon sujet, et que je ne puis tolérer, à moins qu'un décret ne sanctionne que les injures de M. Quesnay de Beaurepaire confèrent l'honorabilité ! — Il y a toujours moyen de s'entendre.

X

La vérité sur le traité de Tien-Tsin et la mission Cogordan.
L'intervention anglaise.

Inconséquences et incapacité de M. de Freycinet. — Il recourt à l'intermédiaire du ministre d'Angleterre à Pékin. — La question des chemins de fer. — Le traité néfaste de Tien-Tsin. — M. Cogordan.

M. de Freycinet n'est jamais tombé du pouvoir que pour revenir au pouvoir. M. Ferry succédait à M. de Freycinet, et *vice versa*. Ce chassé-croisé s'appelle du beau nom de parlementarisme. La politique n'y entre pour rien. Le portefeuille, et puis c'est tout. Avec un régime pareil, si la France n'était pas la France, il y a longtemps que nous serions annexés à la Belgique.

Donc, après la chute de M. Ferry, expulsé

du quai d'Orsay par les Chinois, M. de Freycinet reprit les affaires étrangères, c'est-à-
dire les réceptions du mercredi. Il eut la
tâche de diriger les négociations du traité
de paix définitif qui devait sceller l'amitié
de la France et du Céleste-Empire. Ces
négociations méritent d'être connues, car
elles démontrent avec quelle légèreté nos
soi-disant gouvernants traitent les affaires
de l'Etat.

M. de Freycinet s'était du reste rendu un
compte exact du rôle que devait remplir
notre ministre en Chine, M. Patenôtre. Les
instructions qu'il lui donna étaient rédigées
dans un très bon esprit, et il eût suffi au ministre des affaires étrangères d'être conséquent avec lui-même pour être le parfait
modèle des ministres.

Mais, par une étrange infortune, ainsi
que l'a dit très justement le *Journal des Débats* il n'y a pas bien longtemps, M. de Freycinet a une devise qu'il met toujours en
pratique, contrairement à l'usage. *Video*

meliora, pejoraque sequor : telle est sa maxime.

Je n'aurais garde de contredire l'opinion savante du *Journal des Débats*, puisque je vais la confirmer.

Le 11 mai 1885, M. de Freycinet télégraphie à M. Patenôtre :

« La tâche qui vous incombe est particu-
« lièrement délicate. Vous saurez apporter
« dans vos conférences avec le vice-roi Li
« et ses collègues toute la courtoisie pos-
« sible, et leur témoigner tout l'esprit de
« conciliation *compatible avec la nécessité de*
« *faire prévaloir les vues de votre gouverne-*
« *ment.* Vous aurez rendu un grand et
« signalé service à votre pays le jour où
« vous aurez apposé votre signature au bas
« d'un traité qui vous assurera la possession
« *si chèrement achetée* du Tonkin. »

Voilà des instructions très nettes. Elles ne sont pas aimables pour M. Ferry ; mais on sait que M. de Freycinet cultive l'allusion avec un réel talent quand il s'agit de ses collègues ou de ses concurrents. Il importe peu, du reste, de s'appesantir sur ce côté de la question. M. de Freycinet déclare « *qu'il est nécessaire de faire prévaloir les* « *vues du gouvernement français* » : c'est la seule chose qui doive nous intéresser.

Ces vues du gouvernement, M. Patenôtre en eut connaissance par une lettre qu'il reçut, peu après, de M. Cogordan, sous-directeur au ministère des affaires étrangères. Il apprenait qu'il aurait à se conformer aux arrangements stipulés dans la convention Fournier, *en renvoyant à un règlement ultérieur* les questions de détail relatives au commerce de terre entre la Chine et le Tonkin. M. Cogordan introduisait dans son projet de traité une clause concernant les chemins de fer, et il disait qu'elle serait accueillie par le vice-roi Li.

Entre temps, M. de Freycinet — c'est ici que commence le *pejoraque sequor* — avait cru utile de continuer les pourparlers avec la cour de Pékin par l'intermédiaire de

MM. Hart et Campbell. C'était une véritable trouvaille, il se complaît à déclarer
lui-même que la mesure était habile, *parce
qu'il ne pouvait pas douter du crédit dont
jouissaient à Pékin ces intermédiaires.* Un
ministre français a le front de se vanter de
commettre une pareille bêtise ! Prendre des
Anglais pour soutenir les intérêts de la
France à Pékin, c'est le comble de la confiance ! M. Ferry lui-même n'aurait pas
mieux agi. Et c'est le *Livre jaune* qui
contient cette perle ! Que les Chinois
avaient donc du bonheur ! Aussi, sans être
diplomate, tout le monde peut se rendre
compte à l'avance de ce qui va arriver ; et,
afin d'être complètement édifié sur le sujet,
nous allons consulter le *Livre Bleu* des Anglais : car ce sont les Anglais qui vont con-
duire les négociations, qui les approuveront
ou les désapprouveront, et qui, finalement,
concluront un traité qui sera nul pour les
intérêts français. M. de Freycinet leur avait
donné carte blanche, comme en Egypte.

Le ministre d'Angleterre à Pékin télégraphie à lord Granville le 29 avril 1885 que la France réclame en substance les avantages suivants :

1° Lorsque la Chine sera décidée à construire des chemins de fer, elle s'adressera à la France ;

2° Que les tarifs à la frontière du Tonkin seront réduits aux deux tiers des tarifs en vigueur dans les ports ;

3° Que des douanes seront établies au nord de Lang-son et à Laokaï.

Ces demandes de la France étaient légitimes ; elles correspondaient exactement aux conditions générales que nous voulions réaliser au Tonkin d'accord avec la Chine, *afin de donner des débouchés à notre commerce à notre industrie afin d'utiliser la colonie que nous avions* SI CHÈREMENT ACHETÉE. Nous n'avions pas été au Tonkin pour autre chose : du moins ce devait être et ces conditions générales faisaient précisément partie de ces vues de notre gouvernement dont M. de

Freycinet avait dit *qu'il était nécessaire de les faire prévaloir*. Oui, mais... les Anglais ne voulaient pas.

Lord Granville télégraphie le 6 mai à son représentant à Pékin :

« L'article concernant les chemins de fer
« est inacceptable, et, si la Chine concède
« une réduction de tarifs à la frontière du
« Tonkin, nous réclamons la même réduc-
« tion. »

C'était bien clair n'est-ce pas ? Nous réclamions des avantages réels ; nous pensions que notre industrie, que notre commerce devaient profiter de tous les sacrifices auxquels la France avait souscrit. Illusions ! l'Angleterre s'y opposait et appuyait de son crédit, — de ce crédit que M. de Freycinet estimait si utile, — le mauvais vouloir et les refus de la Chine. Cette histoire est lamentable, et elle se déroule dans les documents diplomatiques de la chancellerie anglaise avec un cynisme qui n'a d'égal que l'indolence de notre diplomatie.

Le ministre anglais à Pékin n'a nulle inquiétude sur l'issue des négociations. Il le dit en termes catégoriques. « Si, écrit-il l'article des chemins de fer devait assurer à la France un monopole (ce que nous demandions), ce monopole fût-il même limité à un nombre restreint d'années, je crois pouvoir vous assurer *que mon influence est suffisante pour faire l'opinion du gouvernement chinois sur cette question*. Quant à la réduction des tarifs, elle sera « façonnée » de manière à rendre inopportunes les réclamations des autres puissances. »

Quelque extraordinaire que paraisse ce récit, il est l'expression même de la vérité officielle et notre *Livre Jaune* contient tous les documents qui confirment l'authenticité de ces étonnantes négociations. Vainement, M. Patenôtre proteste contre le refus de la Chine ; il a beau présenter les rédactions les plus diverses, les plus modérées, aucune d'elles n'est acceptée. De Paris, M. de Freycinet télégraphie à M. Patenôtre d'obtenir

au moins la concession des trois mille premiers kilomètres de chemins de fer : la
Chine refuse ; elle obéit aux ordres du ministère anglais. Enfin l'accord se fait, et voici
l'article tel qu'il figure au traité de Tien-Tsin,
tel qu'il a été admis par la France, je veux
dire au nom de la France :

« Lorsque la Chine aura décidé de cons-
« truire des voies ferrées, il est entendu
« qu'elle s'adressera à l'industrie française.
« Il est entendu que cette clause ne peut
« être considérée comme constituant un
« privilège exclusif en faveur de la France. »

Ah ! le bon billet ! De quel nom qualifier
ces négociations ? Comment un homme
d'Etat a-t-il pu admettre qu'on se moquât
à ce point de notre diplomatie. Que dit
cet article ? Rien. Il possède deux phrases :
la seconde détruit la première. Les Chinois
ont dû bien rire !

J'en appelle à mes compatriotes ; j'en appelle aux braves soldats qui ont combattu
au Tonkin... Notre diplomatie devait-elle

se courber devant les refus de la Chine?

Devait-elle supporter qu'une seule de ses demandes pût ne pas être acceptée ? Etait-il honorable d'admettre dans un traité un article aussi ridiculement illusoire que celui dont je viens de parler ! De quelle excuse peut-on parer une telle défaillance ?

Ce traité de Tien-Tsin consacre d'un bout à l'autre la ruine de l'influence française en Extrême-Orient. Il ne définit rien, il laisse la porte ouverte à tous les différends, il ne protège que les intérêts de l'Angleterre et ceux de la Chine. Il serait trop long d'étudier ici chacun des articles du traité, et de faire la démonstration que j'indique : qu'il me suffise de dire que cette fameuse clause relative à la « Majesté » de l'empire chinois, clause que le commandant Fournier avait acceptée dans sa convention, et que M. Ferry n'a pas voulu admettre, clause qui a été l'unique cause de tous nos sacrifices et de tous nos désastres, est conservée dans le traité définitif du 9 juin 1885 :

« En ce qui concerne, dit le traité, les rapports entre la Chine et l'Annam, il est entendu qu'ils seront de nature à ne pas porter atteinte à la « dignité » de l'empire chinois. »

Il n'y a qu'un mot de changé ! « dignité » au lieu de « majesté ».

C'est pour ce changement, qui ne modifie en rien la situation, que la France a été engagée dans cette criminelle expédition. Voilà pourquoi nos soldats ont été se faire tuer.

Quel est le Français qui osera dans l'avenir confier les destinées de la nation à des hommes qui n'ont commis que des fautes, et qui ne peuvent commettre que des fautes ? Incapables ou traîtres, qu'ils choisissent ! ils ne peuvent plus entrer dans les conseils du gouvernement.

. . . .

Les Chambres ont ratifié le traité de Tien-Tsin.

Les négociations du traité du 9 juin 1885 ne sont pas, à exactement parler, le chef-

d'œuvre de la diplomatie de M. de Freycinet. Son action d'éclat, sa grande entreprise, c'est la mission Cogordan. Je vais en
donner un aperçu.

Comme je l'ai fait observer, M. Patenôtre, notre ministre en Chine, n'avait été
chargé que de la conclusion d'un traité général; il ne devait pas s'occuper de cette
annexe au traité qu'on a désigné ambitieu-
sement du nom de traité de commerce. La
raison qui excluait de ces négociations
notre ministre accrédité en Chine n'était
pas au premier abord facilement percep-
tible.

Pourquoi M. Patenôtre, qui avait acquis
sur place l'expérience des questions intéressant nos relations avec la Chine, n'était-
il pas chargé de discuter les conditions de
ce traité de commerce? Etait-il tombé en
disgrâce? Non pas. M. de Freycinet nous
donne lui-même le motif de sa détermina-
tion : « Il m'a paru nécessaire d'envoyer
en Chine, a-t-il dit, pour les négociations

commerciales, un agent qui ait pu conférer directement avec moi et avec les divers départements ministériels intéressés. »

Et il envoie en Chine M. Cogordan qui ne connaissait rien à la question. Il n'existe pas d'aventure plus stupéfiante que la mission Cogordan, si l'on songe que le traité qui a été négocié par cet agent était si mauvais qu'il n'a pas pu être ratifié par nos Chambres, et qu'il a fallu prier M. Constans de recommencer les négociations à Pékin ! Voilà le chef-d'œuvre de M. de Freycinet. Cette fantaisie d'un ministre incapable nous a coûté la bagatelle de 500,000 francs, alors qu'il était si simple, sans que cela coutât un sou, de charger M. Patenôtre de cette même mission. Mais M. Cogordan était le gendre de M. Duclerc, sénateur, un collègue de M. de Freycinet ; M. Cogordan n'était pas encore ministre plénipotentiaire de 1re classe : il lui fallait une occasion de se distinguer, et d'obtenir sa promotion. Et, de fait, il fut nommé, par le télégraphe, le jour où il signa ce malencontreux traité qui était absolument à contresens.

Voilà comment se font les affaires de la France !

TABLE

—

ÉVREUX, IMPRIMERIE DE CH. HÉRISSEY

L. M. M. — LIBRAIRIE

Envoi FRANCO au reçu du prix en un mandat ou en timbres-poste

Collection in-18 jésus à 3 fr. 50

DOCTEUR S. BASCH
Maximilien au Mexique. . . . 1

NAPOLÉON BONAPARTE
Œuvres littéraires, 2e édit. . . . 4

EUGÈNE BONTOUX
L'Union générale. . . . 1

ÉLÉMIR BOURGES
Sous la hache, 2e édit. . . . 1
Le Crépuscule des Dieux. . . . 1

CHTCHÉDRINE
Les Messieurs Golovleff. . . . 1

AUGUSTE CHIRAC
L'Agiotage sous la troisième République, 3e édition. . . . 2
La Haute Banque et les Révolutions. . . . 1

ALBERT CIM
Institution de Demoiselles, 6e éd. . . . 1
La petite Fée, 2e édition. . . . 1
Deux Malheureuses, 5e éd. . . . 1

HENRI CONTI
L'Allemagne intime, 4e édit. . . . 1

PAUL DARRAS
Causes célèbres de la Belgique. . . . 1

ÉDOUARD DRUMONT
La Fin d'un Monde. . . . 1

FIBUS
La Révolution de Septembre. . . . 1

LÉONCE GRASILIER
Causes célèbres de l'Angleterre. . . . 1

GUY-VALVOR
Une Fille, 2e édit. . . . 1
L'Oiseau bleu. . . . 1

JULES HOCHE
Le Vice sentimental, 2e édit. . . . 1
La Fiancée du trapèze, 2e éd. . . . 1
Causes célèbres de l'Allemagne. . . . 1

LÉON HUGONNET
Chez les Bulgares, 2e édition. . . . 1

HENRIK IBSEN
Théâtre. . . . 1

JEAN LAROCQUE
1871, souvenirs révolutionnaires. . . . 1

JACQUES LE LORRAIN
Nu, 2e édition. . . . 1

CAMILLE LEMONNIER
Noëls Flamands, 2e édition. . . . 1
Les Peintres de la Vie, 2e éd. . . . 1
Un Mâle, édition définitive. . . . 1
Ceux de la glèbe. . . . 1

JULES LERMINA
Nouvelles histoires incroyables. . . . 1

LERMONTOFF
Un Héros de notre temps. . . . 1

PAUL LIEUREUX
L'Hôtel Pigeon, 2e édition. . . . 1

JEAN LOMBARD
L'Agonie. . . . 1

JEAN LORRAIN
Les Lepillier, 2e édition. . . . 1
Très Russe, 2e édition. . . . 1

FRANÇOIS LOYAL
L'Espionnage allemand en France . . . 1

PAUL MARGUERITTE

JULIEN MAUVRAC
L'Amour fantaisiste. . . . 1

GEORGES MEYNIÉ
L'Algérie Juive, 5e édition. . . . 1
Les Juifs en Algérie, 3e éd. . . . 1

LADISLAS MICKIEWICZ
Adam Mickiewicz, sa Vie & ses Œuv. . . . 1

GEORGES MOORE
Confessions d'un jeune Anglais. . . . 1

MUSTEL
Rallye-Dot, 3e édition. . . . 1

FRANÇOIS DE NION
L'Usure. . . . 1

NARCIS OLLER
Le Papillon, préface d'ÉMILE ZOLA . . . 1

ISA O. PAVLOVSKY
Souvenirs sur Tourguéneff. . . . 1

PARIA KORIGAN
Le Tréfonds. . . . 1

J. PENE-SIEFERT
La Marine en danger. . . . 1

PEREZ GALDOS
Dona Perfecta, 2e édition. . . . 1

MARINA POLONSKY
Causes célèbres de la Russie. . . . 1

EDGAR POE
Derniers Contes, trad. RABBE. . . . 1

TH. RECHETNIKOV
Ceux de Podlipnaïa, 2e édition. . . . 1

ÉDOUARD ROD
L'Autopsie du docteur Z... . . . 1

J.-H. ROSNY
Nell Horn. . . . 1
Le Bilatéral. . . . 1
L'Immolation. . . . 1

LÉON TIKHOMIROV
Conspirateurs et Policiers. . . . 1
La Russie politique et sociale. . . . 1

COMTE ALEXIS TOLSTOI
La Mort d'Ivan le Terrible. . . . 1

COMTE LÉON TOLSTOI
Ma Confession, 3e édition. . . . 1
Que Faire? 3e édition. . . . 1
Ce qu'il faut faire, 2e édition. . . . 1
Dernières Nouvelles, 4e édit. . . . 1
Pour les Enfants, 3e édit. . . . 1
L'École de Yasnaïa Poliana. . . . 1
La Liberté dans l'École. . . . 1

COMTE N. TOLSTOI
La Vie. . . . 1

JUAN VALERA
Le Commandeur Mendoza. . . . 1

VASSILI VERESCHAGIN
Souvenirs, ill. par l'auteur. . . . 1

A. VANDAM
Causes célèbres de l'Angleterre. . . . 1

J. VERDAGUER
L'Atlantide. . . . 1
Le Canigou. . . . 1

CHARLES VIRMAITRE
Paris qui s'efface, 2e édition. . . . 1
Paris-escarpe, 9e édition. . . . 1
Paris-canard, 2e édition. . . . 1
Paris-boursicotier, 2e édit. . . . 1